AF464385

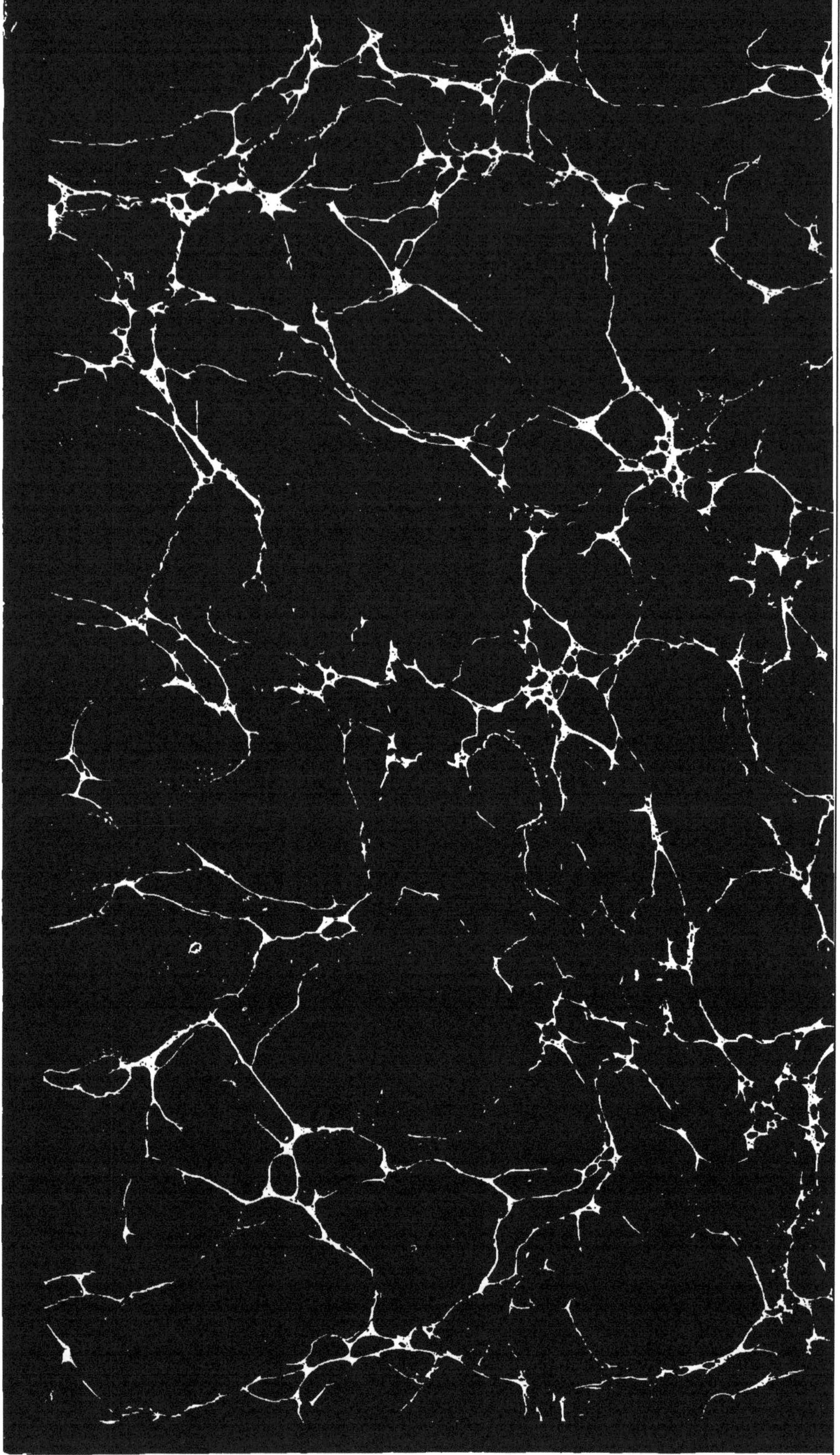

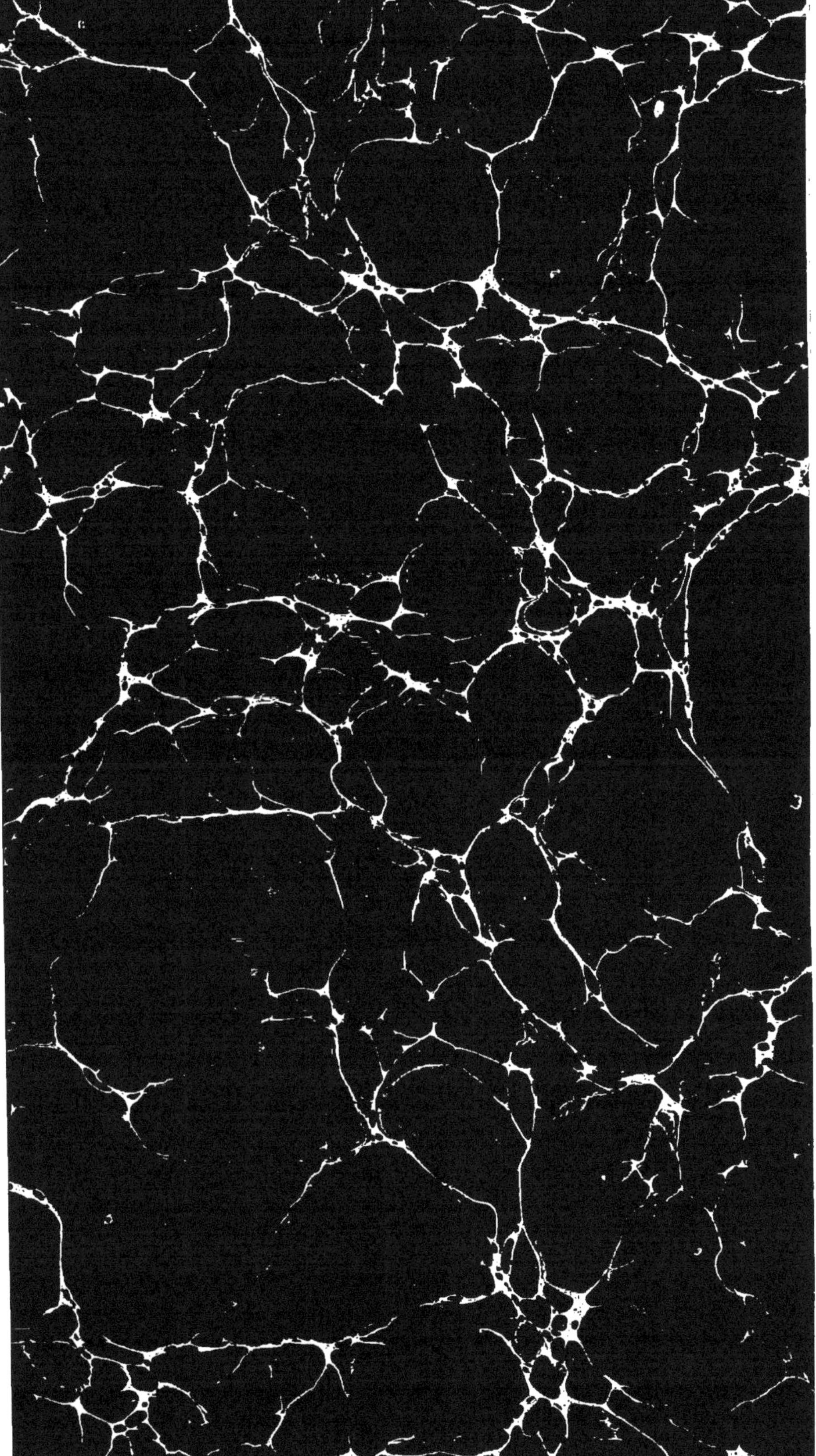

HISTOIRE

DE

L'EXPÉDITION FRANÇAISE

EN ÉGYPTE.

TOME SECOND.

HISTOIRE

DE

L'EXPÉDITION FRANÇAISE

EN ÉGYPTE

PENDANT LES ANNÉES 1798, 1799, 1800 ET 1801.

PAR P. MARTIN,

Ingénieur au Corps Royal des Ponts et Chaussées, Membre de la Commission des Sciences et Arts d'Egypte, et l'un des coopérateurs de la Description de ce pays, publiée par les ordres du Gouvernement français.

TOME SECOND.

PARIS.

J.-M. EBERHART, IMP. DU COLLÉGE ROYAL DE FRANCE,

RUE DU FOIN SAINT-JACQUES, N.° 12.

M. DCCCXV.

HISTOIRE
DE
L'EXPÉDITION FRANÇAISE
EN ÉGYPTE

PENDANT LES ANNÉES 1798, 1799, 1800 ET 1801.

SECTION DEUXIÈME.

Gouvernement de Kléber.

CHAPITRE PREMIER.

Situation de l'Egypte au départ de Bonaparte ; Traité d'El-Arisch.

Aussitôt que les frégates furent parties, le général Menou chargea le chef de brigade de la 69me de porter à Kléber les dépêches de Bonaparte. Kléber s'était empressé de se rendre à Rozette, et il y était le 7 fructidor (24 août), jour qui lui avait été fixé. Etonné de ne pas y trouver le général en chef, et d'apprendre qu'il était parti la veille pour France, il ne savait quelle conduite tenir, lorsque le 8 au matin il reçut le paquet qui contenait les deux pièces suivantes:

Lettre de Bonaparte à Kléber.

AU GÉNÉRAL KLÉBER.

Alexandrie, 5 fructidor an VII.

« Vous trouverez ci-joint, citoyen général, un ordre pour prendre le commandement de l'armée. La crainte que la croisière anglaise ne paraisse d'un moment à l'autre me fait précipiter mon voyage de deux ou trois jours. J'emmène avec moi les généraux Berthier, Lannes, Murat, Andréossy, Marmont, et les citoyens Monge et Berthollet.

» Vous trouverez ci-joint tous les papiers anglais et de Francfort jusqu'au 10 juin. Vous y verrez que nous avons perdu l'Italie, que Mantoue, Turin et Tortone sont bloqués. J'ai lieu de croire que la première de ces places tiendra jusqu'au mois de novembre; j'ai l'espérance, si la fortune me sourit, d'arriver en Europe avant le commencent d'octobre.

» Vous trouverez ci-joint un chiffre pour correspondre avec le gouvernement, et un autre pour correspondre avec moi.

» Je vous prie de faire partir, dans le courant d'octobre, Junot, ainsi que les effets que j'ai laissés et mes domestiques. Cependant, je ne trouverais pas mauvais que vous engagiez à votre service tous ceux qui vous conviendront.

» L'intention du gouvernement est que le général Desaix parte pour l'Europe dans le courant de novembre, à moins d'événements majeurs.

» La commission des arts passera en France avec un parlementaire que vous demanderez à cet effet, conformément au cartel d'échange, dans le courant de novembre, immédiatement après qu'ils auront achevé leur mission; ils sont, en ce moment-ci, occupés à ce qui reste à faire pour visiter la haute Egypte. Cependant, ceux que vous jugerez pouvoir vous être utiles, vous les mettrez en réquisition sans difficulté.

» L'Effendi, fait prisonnier à Aboukyr, est parti pour se rendre à Damiette. Je vous ai écrit de l'envoyer en Chypre. Il est porteur, pour le Grand-Visir, de la lettre dont vous trouverez copie ci-jointe.

» L'arrivée de notre escadre à Toulon, venant de Brest, et de l'escadre espagnole à Carthagènes, ne laisse aucune espèce de doute sur la possibilité de faire passer en Egypte les fusils, sabres et fers coulés dont vous aurez besoin, et dont j'ai l'état le plus exact, avec une quantité de recrues suffisante pour réparer la perte de deux campagnes. Le gouvernement vous fera connaître alors ses intentions, et moi, homme public ou particulier, je prendrai des mesures pour vous faire avoir fréquemment des nouvelles.

» Si, par des événements incalculables, toutes les tentatives étaient infructueuses, et qu'au mois de mai vous n'eussiez reçu aucun secours ni nouvelles de France; si, cette année, malgré toutes les précautions, la peste était en Egypte, et que vous perdiez plus de 1500 soldats; perte considérable, puisqu'elle serait en sus de celle que les événements de la guerre occasionneraient journellement; je dis que, dans ce cas, vous ne devez pas vous hasarder à soutenir la campagne prochaine, et vous êtes autorisé à conclure la paix avec la Porte ottomane, quand même l'évacuation de l'Egypte devrait en être la condition principale. Il faudrait seulement éloigner l'exécution de cet ordre, si cela était possible, jusqu'à la paix générale.

» Vous savez aussi bien que personne, citoyen général, combien la possession de l'Egypte est importante pour la France. L'empire turc, qui menace ruine de tous côtés, s'écroule aujourd'hui, et l'évacuation de l'Egypte par la France serait un malheur d'autant plus grand, que nous verrions de nos jours cette belle province passer en d'autres mains européennes.

» Les nouvelles des revers ou des succès qu'aurait la république en Europe doivent influer puissamment dans vos calculs. Si la Porte répondait aux ouvertures de paix que je lui ai faites avant que vous n'eussiez reçu des nouvelles de France, vous devez déclarer que vous avez tous les pouvoirs pour continuer la négociation que j'avais entamée. Persistez toujours dans la condition que j'ai avancée. Faites-lui connaître que l'intention de la France n'a jamais été d'enlever l'Egypte à la Porte. Demandez que la Porte sorte de la coalition et nous accorde le commerce de la mer Noire, qu'elle mette en liberté les Français prisonniers, et enfin six mois de suspension d'hostilités; que, pendant cet intervalle, les échanges des ratifications peuvent avoir lieu.

» Supposant que les circonstances soient telles que vous croyez devoir conclure le traité avec la Porte, vous feriez sentir que vous ne le pouvez pas mettre à exécution, qu'il ne soit ratifié suivant l'usage de toutes les nations. L'intervalle entre la signature d'un traité et la ratification doit toujours être une suspension d'hostilités.

» Vous connaissez, citoyen général, quelle est ma manière de voir la politique de l'Egypte. Quelque chose que vous fassiez, les Chrétiens seront toujours pour nous. Il faut les empêcher d'être trop insolents, afin que les Turcs n'aient pas contre nous le même fanatisme que contre les Chrétiens, ce qui nous les rendrait irréconciliables ennemis. Il faut endormir le fanatisme en attendant qu'on puisse le déraciner, en captivant l'opinion des grands cheiks du Kaire, on a l'opinion de toute l'Egypte et de tous les chefs de ce peuple. Il n'y a rien de plus dangereux pour nous que ces cheiks peureux et pusillanimes, qui ne savent pas se battre, et, semblables à tous les prêtres, imposent le fanatisme sans être fanatiques.

» Quant aux fortifications d'Alexandrie et d'El-Arisch, voilà les deux clefs de l'Egypte. J'avais le projet de faire établir cet hiver des redoutes de palmier; deux depuis Salehiéh jusqu'à Katieh, et deux de Katieh à El-Arisch. Une de ces dernières se serait trouvée dans l'endroit où le général Menou a trouvé de l'eau potable.

» Le genéral de brigade Samson commandant le génie, le général Songis commandant l'artillerie, vous mettront au fait, chacun en ce qui le concerne dans son arme. Le citoyen Poussielgue a été exclusivement chargé des finances. Je l'ai reconnu travailleur et homme de mérite. Il commençait à avoir quelques renseignements sur l'administration du pays. J'avais le projet, si aucun événement ne survenait, de chercher les moyens d'établir cet hiver un nouveau système d'impositions, qui aurait à peu près permis de se passer des Cophtes. Cependant, avant de l'entreprendre, je vous conseille de réfléchir long-temps. Il vaut mieux entreprendre un jour plus tard qu'un jour trop tôt.

» Des vaisseaux de guerre paraîtront indubitablement cet hiver à Alexandrie, ou à Bourlos, ou à Damiette. Faites construire une tour ou une batterie à Bourlos; tâchez de réunir cinq ou six cents Mamlouks, que, lorsque ces vaisseaux français seront arrivés, vous ferez arrêter dans un jour au Kaire ou dans d'autres provinces, et embarquer pour la France. A défaut de Mamlouks, des otages d'Arabes, des cheiks El-Beled, qui, pour une raison quelconque, seront arrêtés pour y suppléer. Ces individus, arrêtés en France, y seront retenus un ou deux ans, verront la grandeur de la nation, prendront une idée de nos mœurs et de notre langue, et de retour en Egypte, nous formeront autant de partisans.

» J'avais déjà demandé plusieurs fois une troupe de comédiens; je prendrai un soin particulier d'en envoyer. Cet article est important pour l'armée, et pour commencer à changer les mœurs du pays.

» La place importante que vous allez occuper va vous mettre à même de déployer les talents que la nature vous a donnés. L'intérêt de ce qui se passe ici est vif, et les résultats en seront immenses sur le commerce et la civilisation. Ce sera l'époque d'où dateront de grandes révolutions.

» Accoutumé à ne voir la récompense des peines et des travaux de la vie que dans l'opinion de la postérité, j'abandonne l'Egypte avec le plus grand regret. L'intérêt de la patrie, sa gloire, l'obéissance, les événements extraordinaires qui viennent de se passer, me décident de traverser les escadres ennemies pour me rendre en Europe. Je serai d'esprit et de cœur avec vous; vos succès me seront aussi chers que ceux où je me trouverai moi-même, et je regarderai comme mal employés tous les jours de ma vie où je ne ferai pas quelque chose pour vous. Consolidez le magnifique établissement dont les fondements viennent d'être jetés.

» L'armée que je vous confie est toute composée de mes enfants. J'ai eu dans tous les temps, même au milieu de leurs plus grandes peines, des marques de leur attachement. Entretenez-les dans ces mêmes sentiments; vous le devez pour l'amitié et l'estime toute particulière que j'ai pour vous, et l'attachement que je vous porte. »

Signé, *le général en chef*,

BONAPARTE.

S'adressant ensuite à l'armée, il avait annexé à cette lettre la proclamation suivante :

Proclamation de Bonaparte à l'armée.

SOLDATS,

« Les nouvelles de l'Europe m'ont décidé à partir pour France ; je laisse le commandement de l'armée au général Kléber. L'armée aura bientôt de mes nouvelles. Il me coûte de quitter des soldats auxquels je suis le plus attaché ; ce ne sera que momentanément, et le général que je leur laisse a la confiance du gouvernement et la mienne. »

Signé BONAPARTE.

Cependant le départ de Bonaparte avait porté une grande fermentation dans les esprits. Quelques-uns apprirent cette nouvelle avec peine, mais la plus grande partie de l'armée la reçut avec plaisir. Elle était un sujet de chagrins et surtout de regrets pour ceux qui avaient placé toutes leurs espérances sur la tête du fugitif, et qui pensaient qu'un entier dévouement de leur part méritait plus de confiance de la

Sentimens divers parmi les Français sur son départ.

sienne. Le dépit vint chez eux se mêler aux regrets; ils s'étaient déjà habitués à l'idée qu'ils étaient nécessaires, indispensables même, à l'homme qui les abandonnait; aussi ils manifestèrent leur mécontentement avec humeur, et cherchèrent à se faire illusion. Ils ne voulurent pas croire aux premiers bruits de ce départ si extraordinaire, qui détruisait tous leurs projets, et ils menacèrent de punir sévèrement tous ceux qui prétendaient que le général en chef était parti pour France; mais lorsque la vérité eut pénétré, et qu'ils ne virent plus dans ce général en chef qu'un téméraire qui allait se jeter indubitablement dans les mains des Anglais, ils jugèrent que leur dévouement ne leur était plus utile, et ils se tournèrent vers le nouveau chef, pour se rendre de nouveau nécessaires et indispensables.

Quant à la masse de l'armée, elle se vit avec plaisir délivrée d'un grand poids. Elle connaissait Bonaparte trop entier dans ses opinions, et elle savait très-bien qu'il aurait sacrifié jusqu'au dernier soldat plutôt que de céder, lorsqu'il était encore temps de le faire avec honneur; elle était convaincue qu'il agirait là comme il a agi depuis à Moscou, à Leipsick et à Watterloo. Elle voyait d'ailleurs avec joie succéder un homme en qui elle avait la confiance la plus entière, un véritable grand capitaine, ami du soldat, qui n'en avait jamais sacrifié un seul à sa propre gloire. Cet homme n'avait aucun intérêt personnel à la conservation de l'Egypte; il pouvait donc écouter, provoquer même, si les circonstances l'y forçaient, toutes les propositions qui n'eussent pas compromis l'honneur de la France et de l'armée. On oublia promptement Bonaparte, et personne, quoiqu'on l'ait dit depuis, ne s'avisa de penser qu'il allait exécuter les projets concertés pour renverser le gouvernement établi et usurper la souveraineté.

Il faut le dire, l'armée était essentiellement républicaine, et elle n'eût jamais secondé alors les vues d'un ambitieux. Autant les soldats et les officiers étaient dévoués à leur chef comme militaire, autant ce chef eût trouvé d'ennemis en eux, s'ils avaient cru voir en lui un usurpateur. J'ai entendu un jour le brave Boyer, colonel de la 18me, qui a été tué dans la tour de Saint-Jean-d'Acre, dire : « Bonaparte, général de la république, trouvera toujours en moi un homme prêt à le suivre partout; mais si je soupçonnais qu'il voulût jamais être un César, il trouverait en moi le premier Brutus qui lui plongerait un poignard dans le cœur. » Que l'on nomme ces sentiments héroïsme, fièvre, délire, il n'en est pas moins vrai que ce n'est point avec l'armée d'Egypte que Bonaparte eût jamais osé franchir le Rubicon, et qu'il était grand temps pour lui et pour elle qu'il s'en séparât.

L'enthousiasme, l'attachement de cette armée, étaient bien naturels; la campagne d'Italie, en l'an IV et l'an V (1796 et 1797), avait excité l'admiration de tous les Français: quels sentiments n'avait-elle pas dû, par conséquent, faire naître dans l'âme de ceux qui avaient contribué à élever un si beau monument à la gloire militaire de la patrie! Mais l'expédition d'Egypte avait fait mieux connaître et juger Bonaparte. On avait commencé à soupçonner qu'il n'avait pas tous les talents d'un général, et qu'il lui manquait les plus nécessaires dans un pays où l'on était réduit à ses propres moyens, et où, par conséquent, son système de guerre devait entraîner les conséquences les plus funestes.

L'armée ne manifesta aucun regret de son départ, et vit au contraire l'espérance renaître sous son nouveau chef.

Arrivée de Kléber au Kaire.

Kléber partit de Rosette le 10 fructidor (27 août); il n'était accompagné que de M. Baude, qu'il nomma son secrétaire particulier. Il rencontra le 11 la caravane des habitants de Maroc, qui revenaient de la Mecque, et qu'il salua en amis. Il arriva au Kaire le 13 (30 août), et fut reconnu général en chef le 15 (1er sept.) aux acclamations de l'armée et des Turcs réunis.

Il prend le commandement de l'armée.

Après avoir nommé le général Damas pour son chef d'état-major-général, sa première opération fut de changer la division territoriale de l'Egypte : dans la vue de diminuer les frais d'administration, il réduisit à huit le nombre des provinces ; savoir : la province de Thèbes dont le chef-lieu était....... Syout.
De Miniet, chef-lieu........ Bénissouéf.
Gyzeh, Atfiely, et Kélioubieh, chef-lieu............... Le Kaire.
La Charkieh, chef-lieu..... Belbeïs.
Damiette et Mansoura, chef-lieu..................... Damiette.
Garbié, chef-lieu.......... Semmenoud.
Menoufié, chef-lieu........ Menouf.
Alexandrie, Rosette et Bahiréh, chef-lieu......... Alexandrie.

Il s'occupa entièrement du bien-être de l'armée, de l'amélioration des hôpitaux, fit mettre les troupes en cantonnement, et voulut les faire habiller : mais combien son cœur éprouva de douleur à la vue du désordre épouvantable qui régnait dans toutes les branches de l'administration !

Les différents services étaient absolument sans moyens ni ressources. Leur situation offrait un arriéré de plus de 11 millions, et on ne savait comment combler cette dette énorme.

La voie des contributions extraordinaires ou d'un emprunt forcé était entièrement interdite dans la position difficile où l'on se trouvait : étant menacé de l'invasion des Turcs qui avançaient toujours, c'eût été de nouveau allumer l'incendie en Egypte, et réarmer la population contre les Français, qui avaient besoin, plus que jamais, de réunir toutes leurs forces contre l'ennemi extérieur.

Kléber se détermina alors à faire connaître son embarras au gouvernement français; et il écrivit au Directoire exécutif la lettre suivante :

Au quartier-général du Kaire, le 4 vendémiaire an VIII
(26 septembre 1799).

CITOYENS DIRECTEURS,

Lettre de Kléber au Directoire exécutif de France.

« Le général en chef Bonaparte est parti pour France, le 6 fructidor au matin, sans en avoir prévenu personne. Il m'avait donné rendez-vous à Rosette le 7 ; je n'y ai trouvé que ses dépêches. Dans l'incertitude si le général a eu le bonheur de passer, je crois devoir vous envoyer copie, et de la lettre par laquelle il me donna le commandement de l'armée, et de celle qu'il adressa au Grand-Visir, à Constantinople, quoiqu'il sût parfaitement que ce pacha était déjà arrivé à Damas.

» Mon premier soin a été de prendre une connaissance exacte de la situation actuelle de l'armée.

» Vous savez, citoyens Directeurs, et vous êtes à même de vous faire représenter l'état de sa force lors de son arrivée en Egypte. Elle est réduite de moitié, et nous occupons tous les points capitaux du triangle des cataractes à El-Arisch, d'El-Arisch à Alexandrie, et d'Alexandrie aux cataractes.

» Cependant il ne s'agit plus aujourd'hui, comme autrefois, de lutter contre quelques hordes de Mamlouks découragés, mais de combattre et de résister aux efforts réunis de trois grandes puissances, la Porte, les Anglais, et les Russes.

» Le dénuement d'armes, de poudre de guerre, de fer coulé et de plomb, présente un tableau tout aussi alarmant que la grande et subite diminution d'hommes dont je viens de parler; les essais de fonderie faits n'ont point réussi; la manufacture de poudre établie à Raouda n'a pas encore donné, et ne donnera probablement pas le résultat qu'on se flattait d'en obtenir; enfin, la réparation des armes à feu est lente, et il faudrait, pour activer tous ces établissements, des moyens et des fonds que nous n'avons pas.

» Les troupes sont nues, et cette absence de vêtements est d'autant plus fâcheuse, qu'il est reconnu que dans ce pays elle est une des causes les plus actives des dyssenteries et des ophtalmies, qui sont les maladies constamment régnantes. La première surtout a agi cette année puissamment sur des corps affaiblis et épuisés par les fatigues. Les officiers de santé remarquent et rapportent constamment que, quoique l'armée soit si considérablement diminuée, il y a cette année un nombre beaucoup plus grand de malades qu'il n'y en avait l'année dernière à la même époque.

» Le général Bonaparte, avant son départ, avait, à la vérité, donné des ordres pour habiller l'armée en drap; mais, pour cet objet, comme pour beaucoup d'autres, il s'en est tenu là, et la pénurie des finances, qui est un nouvel obstacle à combattre, l'eût mis dans la nécessité, sans doute, d'ajourner l'exécution de cet utile projet. Il faut en parler de cette pénurie.

» Le général Bonaparte a épuisé toutes les ressources extraordinaires dans les premiers mois de notre arrivée. Il a levé alors autant de contributions de guerre que le pays pouvait en supporter. Revenir aujourd'hui à ces moyens, alors que nous sommes au-dehors entourés d'ennemis, serait préparer un soulèvement à la première occasion favorable; cependant Bonaparte à son départ n'a pas laissé un sou en caisse, ni aucun objet équivalent. Il a laissé au contraire un arriéré de près de 12 millions: c'est plus que le revenu d'une année dans la circonstance actuelle. La solde arriérée pour toute l'armée se monte seulement à 4 millions.

» L'inondation rend impossible en ce moment le recouvrement de ce qui reste dû sur l'année qui vient d'expirer, et qui suffirait à peine pour la dépense d'un mois: ce ne sera donc qu'au mois de frimaire qu'on pourra en recommencer la perception; et alors, il n'en faut pas douter, on ne pourra pas s'y livrer, parce qu'il faudra combattre.

» Enfin, le Nil étant cette année très-mauvais, plusieurs provinces, faute d'inondation, offriront des non-valeurs, auxquelles on ne pourra se dispenser d'avoir égard.

» Tout ce que j'avance ici, citoyens Directeurs, je puis le prouver, et par des procès-verbaux, et par des états certifiés des différents services.

» Quoique l'Egypte soit tranquille en apparence, elle n'est rien moins que soumise. Le peuple est inquiet, et ne voit en nous, quelque chose que l'on puisse faire, que des ennemis de sa propriété ; son cœur est sans cesse ouvert à l'espoir d'un changement favorable.

» Les Mamlouks sont dispersés, mais ils ne sont pas détruits. Mourad-bey est toujours dans la haute Egypte, avec assez de monde pour occuper sans cesse une partie de nos forces. Si on l'abandonnait un moment, sa troupe se grossirait bien vite, et il viendrait nous inquiéter sans doute jusque dans cette capitale, qui, malgré la plus grande surveillance, n'a cessé jusqu'à ce jour de lui procurer des secours en argent et en armes.

» Ibrahim-bey est à Gazah avec environ 2,000 Mamlouks, et je suis informé que 30,000 hommes de l'armée du Grand-Visir et de Djezzar-pacha y sont déjà arrivés.

» Le Grand-Visir est parti de Damas, il y a environ vingt jours; il est actuellement campé auprès d'Acre.

» Telle est, citoyens Directeurs, la situation dans laquelle le général Bonaparte m'a laissé l'énorme fardeau de l'armée d'Orient. Il voyait la crise fatale s'approcher : vos ordres, sans doute, ne lui ont pas permis de la surmonter. Que cette crise existe, ses lettres, ses instructions, sa négociation entamée, en font foi; elle est de notoriété publique, et nos ennemis semblent aussi peu l'ignorer que les Français qui se trouvent en Egypte.

« Si, cette année, me dit le général Bonaparte, malgré » toutes les précautions, la peste était en Egypte, et que » vous perdiez plus de 1,500 soldats, perte considérable, » puis qu'elle serait en sus de celle que les événements de » la guerre occasionneraient journellement, je dis que, » dans ce cas, vous ne devez pas vous hasarder à soutenir » la campagne prochaine, et vous êtes autorisé à con» clure la paix avec la Porte Ottomane, quand même » l'évacuation de l'Egypte en serait la condition princi« pale. »

» Je vous fais remarquer ce passage, citoyens Directeurs, parce qu'il est caractéristique sous plus d'un rapport, et qu'il indique surtout la situation critique dans laquelle je me trouve.

» Que peuvent être 1,500 hommes de plus ou de moins dans l'immensité de terrain que j'ai à défendre, et aussi journellement à combattre.

» Le général dit ailleurs : « Alexandrie et El-Arisch, » voilà les deux clefs de l'Egypte. »

» El-Arisch est un méchant fort à quatre journées dans le désert. La grande difficulté de l'approvisionner ne permet pas d'y jeter une garnison de plus de 250 hommes; 600 Mamlouks et Arabes pourront, quand ils le voudront, intercepter sa communication avec Katieh; et comme, lors du départ de Bonaparte, cette garnison n'avait pas pour quinze jours de vivres en avance, il ne faudrait pas plus de temps pour l'obliger à se rendre sans coup férir. Les Arabes seuls étaient dans le cas de faire des convois soutenus dans les brûlants déserts; mais d'un côté ils ont tant de fois été trompés, que loin de nous offrir leurs services, ils s'éloignent et se cachent. D'un autre côté, l'arrivée du Grand-Visir, qui enflamme leur fanatisme et leur prodigue des dons, contribue tout autant à nous en faire abandonner.

» Alexandrie n'est point une place, c'est un vaste camp retranché; il était, à la vérité, assez bien défendu par une nombreuse artillerie de siége; mais depuis que nous l'avons perdue cette artillerie, dans la désastreuse campagne de Syrie; depuis que le général Bonaparte a retiré toutes les pièces de marine pour armer au complet les deux frégates avec lesquelles il est parti, ce camp ne peut plus offrir qu'une faible résistance.

» Le général Bonaparte, enfin, s'était fait illusion sur l'effet que devait produire le succès qu'il a obtenu au poste

poste d'Aboukyr. Il a, en effet, détruit la presque totalité des Turcs qui avaient débarqué. Mais, qu'est-ce qu'une perte pareille pour une grande nation à laquelle on a ravi la plus belle portion de son empire, et à qui la religion, l'honneur et l'intérêt prescrivent également de se venger, et de reconquérir ce qu'on avait pu lui enlever? Aussi cette victoire n'a-t-elle pas retardé d'un instant, ni les préparatifs, ni la marche du Grand-Visir.

» Dans cet état de choses, que puis-je et que dois-je faire? Je pense, citoyens Directeurs, que c'est de continuer les négociations entamées par Bonaparte; quand elles ne donneraient d'autre résultat que celui de gagner du temps, j'aurais déjà lieu d'en être satisfait. Vous trouverez ci-joint la lettre que j'écris en conséquence au Grand-Visir, en lui envoyant *duplicata* de celle de Bonaparte. Si ce ministre répond à ces avances, je lui proposerai la restitution de l'Egypte, aux conditions suivantes :

» Le Grand-Seigneur y établirait un pacha comme par le passé.

» On lui abandonnerait le Miri, que la Porte a toujours perçu de droit, et jamais de fait.

» Le commerce serait ouvert réciproquement entre l'Egypte et la Syrie.

» Les Français demeureraient dans le pays, occuperaient les places et les forts, et percevraient tous les autres droits, avec ceux des douanes, jusqu'à ce que le gouvernement eût conclu la paix avec l'Angleterre.

» Si ces conditions préliminaires et sommaires étaient acceptées, je croirais avoir fait plus pour la patrie, qu'en obtenant la plus éclatante victoire; mais je doute que l'on veuille prêter l'oreille à ces dispositions. Si l'orgueil des Turcs ne s'y opposait point, j'aurais à combattre l'influence des Anglais. Dans tous les cas, je me guiderai d'après les circonstances.

» Je connais toute l'importance de la possession de l'Egypte : je disais, en Europe, qu'elle était pour la France le point d'appui par lequel elle pourrait remuer le système du commerce des quatre parties du Monde ; mais pour cela il faut un puissant levier ; ce levier, c'est la marine : la nôtre a existé ; depuis lors, tout a changé, et la paix avec la Porte peut seule, ce me semble, nous offrir une voie honorable pour nous tirer d'une entreprise qui ne peut plus atteindre l'objet qu'on avait pu s'en proposer.

» Je n'entrerai point, citoyens Directeurs, dans le détail de toutes les combinaisons diplomatiques que la situation actuelle de l'Europe peut offrir, ils ne sont point de mon ressort.

» Dans la détresse où je me trouve, et trop éloigné du centre des mouvements, je ne puis guère m'occuper que du salut et de l'honneur de l'armée que je commande : heureux si, dans mes sollicitudes, je réussis à remplir vos vœux ; plus rapproché de vous, je mettrais toute ma gloire à vous obéir !

» Je joins ici, citoyens Directeurs, un état exact de ce qui nous manque en matériel pour l'artillerie, et un tableau sommaire de la dette contractée, et laissée par Bonaparte. »

» Salut et respect. *Signé* Kléber. »

P. S. Au moment, citoyens Directeurs, où je vous expédie cette lettre, quatorze ou quinze voiles turques sont mouillées devant Damiette, attendant la flotte du capitan-pacha, mouillée à Jaffa, et portant, dit-on, 15 à 20 mille hommes de débarquement. Quinze mille hommes sont toujours réunis à Gazah, et le Grand-Visir s'achemine de Damas. Il nous a renvoyé, ces jours derniers, un soldat de la 25e demi-brigade fait prisonnier du côté d'El-Arisch. Après lui avoir fait voir tout le camp, il lui a intimé de dire à ses compagnons ce qu'il avait vu, et à leur général de trembler. Ceci paraît annoncer, ou la confiance que le Grand-Visir met dans ses forces, ou un désir de rapprochement. Quant à moi, il me serait de toute impossibilité de réunir plus de 5 mille hommes en état d'entrer en campagne. Nonobstant ce, je tenterai la fortune, si je ne puis parvenir à gagner du temps par des négociations. Djezzar a retiré ses troupes de Gazah, et les a fait revenir à Acre.

Signé KLÉBER.

Apperçu des sommes dues au 6 fructidor an 7, époque à laquelle le général Kleber a pris le commandement de l'armée.

Désignations des services.	Sommes dues. liv.	s.	d.
Solde de l'armée.........	4,015,000	»	»
Pour l'extraordinaire.....	576,000	»	»
Différence de solde de la loi du 2 thermidor an 2 à celle du 23 floréal an 5, due à une partie de l'armée.	802,332	6	2
Artillerie................	91,214	»	»
Marine militaire et marchande..................	3,962,124	»	6
Subsistances militaires.....	1,198,973	10	»
Habillement..............	144,381	10	10
Hôpitaux militaires........	311,277	15	4

	liv.	s.	d.
Transports militaires......	177,098	4	»
Postes militaires.........	5432	12	2
Au chef de l'atelier des selles	12601	»	»
Au chef de l'atelier des bottes	6000	»	»
Aux fournisseurs de Suez..	7014	6	»
A différents particuliers français, turcs et grecs qui ont fait des fournitures à Alexandrie, ou autres places..................	41,970	7	»
A M. Rozetti, pour fournitures faites à l'armée lors de son passage à Rahmanieh..................	3222	12	8
Total général......	11,315,252	10	2

OBSERVATIONS.

La dépense excède la recette de 11,315,252 f. 10 s. 2 d. depuis notre départ de France, la dette ne peut donc qu'augmenter. En arrivant en Egypte, il a été frappé des réquisitions dans toutes les places, pour subvenir aux besoins de l'armée en subsistances : cet objet n'a pas été payé.

Il a été levé des contributions extraordinaires sur les marchands, négociants, etc. On s'est emparé, en arrivant, des biens des Mamlouks, de leurs effets, et leurs femmes ont payé une imposition extraordinaire.

Le revenu de l'an VII a été plus considérable que ne le sera celui de l'an VIII. L'inondation a été mauvaise cette année, et beaucoup de villages n'ont pas eu d'eau.

On n'a pas compris dans la dette ce qui est dû aux provinces pour les objets fournis en nature, pour le passage des troupes.

Il sera facile de voir, par ces observations, qu'aussi long-temps que l'armée en Egypte sera active, que le commerce avec l'extérieur n'aura pas repris, l'on ne pourra jamais parvenir à établir la recette égale à la dépense: les finances ne pourront donc pas être dans un état satisfaisant avant la paix.

Certifié par moi commissaire ordonnateur en chef de l'armée, aux états particuliers qui m'ont été remis.

Signé DAURE.

Vu par le général en chef.

Signé KLÉBER.

A la suite était encore un autre état détaillé des principaux objets relatifs à l'artillerie, manquant à l'armement des places, à l'armée active, et à l'équipage de siége.

Le général Kléber s'était, comme l'on voit, appuyé de l'opinion des principaux chefs pour présenter la situation de l'armée. On a dû remarquer que ce général n'avait pu se défendre d'une sorte d'accusation contre son prédécesseur, et ceux qui l'entouraient n'avaient pas été fachés de saisir cette occasion de dire toute la vérité, même avec quelque affectation, pour se venger de l'abandon dans lequel on les avait laissés. Cette conduite n'était pas généreuse; ceux qui devaient tout à Bonaparte n'avaient pas le droit de l'outrager, et ils devaient au moins rester neutres. Il pouvait être permis à Kléber, qui ne devait rien à personne, de démasquer un homme à qui il reconnaissait encore assez de ces moyens qui éblouissent la multitude pour prévoir, peut-être, l'abîme de maux dans lequel il entraînerait la France; mais les créatures de Bonaparte devaient lui rester dévouées, même au besoin prendre sa défense : au lieu de cela, elles l'accablèrent. Au reste, cette scène d'ingratitude s'est renouvelée en 1814, et a justifié en quelque sorte les accusateurs de 1799. Bonaparte connaissait bien les hommes, du moins ceux qui l'entouraient; car il a dit souvent qu'il n'avait point d'amis, et n'en voulait point avoir. Il sentait, peut-être, qu'il n'en méritait pas.

Ce que devint cette lettre.

Quoi qu'il en soit, la dépêche fut expédiée, et Kléber en rendit porteur M. Barras, cousin du directeur, qui partit d'Alexandrie le 13 brumaire (4 novembre 1799) sur le bâtiment *la Marianne*, avec le général Vaux et quelques blessés. Leur voyage fut assez heureux jusque sur les côtes de France; mais arrivés devant Toulon, ils furent arrêtés par une corvette anglaise, qui, après avoir fait amener le pavillon, mit son canot à la mer pour amariner le bâtiment français. Barras enferma alors les dépêches dans son mouchoir de poche, et y mit un boulet pour faire aller promptement le tout à fond: le mouchoir était de fine toile, il ne put soutenir le choc du boulet sur la surface de l'eau, et se déchira. Le boulet seul alla à fond, et le mouchoir et les lettres restèrent sur l'eau.

Les Anglais, qui approchaient avec leur canot, virent quelque chose surnager; ils soupçonnèrent ce qui en était, et coururent recueillir tout ce qu'on avait jeté à la mer.

Le capitaine alla communiquer sa découverte à lord Keith, commandant les forces navales britanniques dans la Méditerranée. Celui-ci s'empressa de transmettre les lettres à son gouvernement, qui eut la malignité de les envoyer par un parlementaire à Bonaparte déjà premier consul en France. Il savait que, par cette communication, il envenimerait l'animosité qui existait entre les deux rivaux, et il espéra que, dans la vue de punir ceux qui l'avaient trahi, Bonaparte se garderait de leur envoyer du secours, et les abandonnerait à leur mauvaise fortune.

On verra plus bas que cette dépêche fut encore la cause de la rupture du traité d'El-Arisch.

Mouvements de Mourad dans la haute Egypte.

Cependant, malgré ses dispositions pacifiques et les négociations qu'il ouvrit pour arriver à un arrangement, Kléber fut bientôt obligé de prendre une attitude menaçante : il eût bien voulu concentrer toutes ses forces; mais, comme il le disait dans sa lettre, il ne pouvait dégarnir la haute Egypte, ou Mourad-Bey épiait l'occasion de reprendre l'offensive avec quelqu'apparence de succès. Celui-ci n'avait plus d'espoir du côté de ses alliés les Mekains, qui avaient totalement disparu; les habitants n'osaient plus remuer, et cependant Mourad ne perdait pas courage. Il n'avait jamais voulu traiter avec Bonaparte, dont la conduite en Syrie lui avait fait soupçonner la mauvaise foi; il ne connaissait pas encore

Kléber, qu'il sut si bien apprécier et estimer plus tard. Une lueur d'espérance lui était venue du côté de la mer Rouge, et il recommença ses courses. Le 21 thermidor (8 août 1799), après avoir reparu au dessus de Syout, il remonta vers Girgé; mais bientôt, poursuivi par le chef de brigade Morand, il fut obligé de s'enfuir, en perdant quelques Mamlouks, un kachef, et vingt chameaux. Sa fuite ne le sauva point: surpris dans la nuit du 24, près de Samhout, lieu qui lui avait déjà été si fatal six mois avant, il y perdit encore un grand nombre de Mamlouks, deux cents chameaux chargés, cent chevaux harnachés, et une grande quantité d'armes: lui-même n'échappa qu'à la faveur de l'obscurité à la poursuite d'un détachement du 20me régiment de dragons. Affaire de Syout.

La diversion qu'il attendait de Cosseïr était celle de deux frégates anglaises, qui parurent devant ce port le 27 thermidor (14 août 1799), et qui, depuis midi jusqu'au 30 à quatre heures du matin, c'est-à-dire pendant soixante-quatre heures consécutives, ne cessèrent de canonner le fort et la ville. Attaque de Cosseïr par les Anglais.

Elles étaient chargées de troupes qui tentèrent quatre fois de débarquer, mais qui furent reçues chaque fois par une fusillade si vive, qu'elles ne se donnèrent pas le temps de recueillir leurs morts et leurs blessés; elles laissèrent même une pièce de canon avec tous ses agrès, qu'elles avaient débarquée.

Les deux frégates, découragées de leur entreprise, mirent à la voile et disparurent.

Depuis cette époque, le malheureux mais infatigable Mourad errait dans le désert, alors la seule terre amie qui lui restât dans son infortune. Si la faim et la soif le forçaient de venir toucher la terre cultivée, cette terre le repoussait aussitôt. C'est ainsi qu'il descendit vers la province de Fayoum.

Desaix voulait cependant le forcer à se rendre, disposé à lui faire un sort brillant et heureux; mais cette âme fière et indépendante ne pouvait s'abaisser à l'idée de traiter avec les Français; il aimait mieux, comme César, être libre et le premier dans le désert, que le second au Kaire.

Desaix organisa alors deux colonnes mobiles, composées de cavalerie, d'artillerie, et d'infanterie montée sur des dromadaires; il prit lui-même le commandement d'une de ces colonnes, et confia l'autre à l'adjudant-général Boyer.

Nouveau combat de Sedyman.

Ce dernier, après trois journées de marche forcée, atteignit Mourad le 17 vendémiaire an 8 (9 octobre 1799) dans le désert près Sédyman. Il semblait que ce bey recherchait les lieux précédemment témoins de ses défaites.

Dès qu'il vit arriver cette nouvelle espèce de cavalerie, montée sur des dromadaires, il ne douta plus qu'il allait reprendre l'avantage, et à peine les Français étaient-ils descendus (manœuvre sur laquelle il ne comptait pas), qu'il les chargea. Mais formés promptement en bataillon carré, ceux-ci le reçurent par une fusillade à bout portant qui le força de reculer.

Trois fois il revint sur les dromadaires qu'il voulait enlever, mais trois fois il fut obligé de renoncer à son entreprise. Enfin il s'enfuit; l'adjudant-général Boyer le poursuivait; à tout instant il était près de l'atteindre; mais Mourad échappait toujours. Pour se soustraire aux poursuites de Boyer, il passa le Nil le 30 vendémiaire (22 octobre) près Atfiély, malgré les troupes du général Rampon qui gardaient ce passage, et il se dirigea vers Suez, par la vallée de l'Egarement : changeant d'idée tout-à-coup, il s'arrêta, revint sur ses pas, et remonta vers la haute Egypte. Il fut poursuivi partout, harcelé sans cesse; mais jamais on ne put l'atteindre.

Cependant cette petite guerre n'exigeait plus la présence ni les talens d'un général aussi consommé que Desaix, destiné à jouer un plus beau rôle que celui de poursuivre un fugitif;

l'activité et la présence d'esprit de l'adjudant-général Boyer suffisaient.

Desaix quitte la haute Egypte.

D'ailleurs il était temps de porter du côté de la Syrie toutes les ressources dont on pouvait disposer, et Desaix fut rappelé de la haute Egypte pour aller prendre le commandement d'une division dans le corps d'armée que l'on rassemblait pour se porter contre le Grand-Visir.

Débarquement et défaite des Janissaires à Damiette.

En effet, l'armée ottomane, qui, comme on l'a déjà dit, n'avait pas ralenti sa marche d'un seul instant, malgré la défaite d'Aboukyr, et les ouvertures de Bonaparte, avançait assez rapidement. Le Grand-Visir était déjà arrivé à Gazah, et une division de son armée, composée de huit mille janissaires d'élite sous la conduite de Seyd-Ali-bey, fut envoyée pour faire diversion, et tenter un débarquement sur la côte de Damiette.

Cinquante-trois bâtimens de toute grandeur furent conduits par le commodore Sydney-Smith devant l'embouchure du Nil, et le 7 brumaire (29 octobre), l'ennemi s'empara de la tour du Bogafeh, destinée à défendre l'entrée du fleuve.

Le 12 (3 novembre), le général Desaix descendit du Kaire avec sa division pour se porter sur ce point menacé; mais le général

Verdier, qui commandait alors à Damiette, avait déjà rendu inutiles toutes les tentatives de l'ennemi.

Le 10 brumaire (1er novembre), les Turcs avaient à peine opéré leur débarquement proche l'extrémité ouest du lac Menzaleh, que le général Verdier, qui n'avait que mille hommes à leur opposer, marcha sans hésiter à leur rencontre, les attaqua avec impétuosité, passa plus de deux mille hommes au fil de l'épée, fit huit cents prisonniers, et leur enleva trente-deux drapeaux, une pièce de 24, quatre pièces de campagne, et tous leurs approvisionnements.

Cependant cette seconde victoire, qui n'était qu'un léger appendice de celle d'Aboukyr, n'améliorait pas beaucoup le sort de l'armée française : elle avait espéré pendant quelque temps qu'elle pourrait recevoir des secours; cet espoir était fondé sur la réunion à Toulon des flottes française et espagnole; mais bientôt elle apprit, par des journaux qui lui furent communiqués, que ces deux flottes avaient repassé le détroit de Gibraltar, et étaient rentrées dans l'Océan. Cette nouvelle, jointe à celle des derniers revers qu'avaient éprouvés les armées françaises en Italie, en Allemagne, en Hollande, et jusque dans la Vendée, porta le découragement dans les esprits. Quelques garnisons se mutinèrent, et, sous les plus légers prétextes, menacèrent de rompre cette discipline qui faisait la seule force de l'armée; celle d'Alexandrie leva même un instant l'étendard de la révolte, et il fallut toute la fermeté et la présence d'esprit du général Lanusse, qui avait succédé au général Menou, pour la faire rentrer dans l'obéissance. Chaque soldat disait hautement, qu'il fallait abandonner l'Egypte et retourner en France.

Réponse à l'ouverture des négociations faite par le général Bonaparte.

Le commodore Sydney-Smith, par une lettre qu'il écrivit au général Kléber devant Damiette le 4 brumaire (26 octobre), lui fit connaître, qu'en réponse à l'ouverture de négociations, faite le 30 thermidor (17 août), au Grand-Visir, par Bonaparte, il le prévenait que ces négociations ne pouvaient avoir lieu qu'avec le concert de l'Angleterre et de la Russie, à cause d'un traité d'alliance signé entre les trois puissances le 5 janvier 1799. Le commodore s'intitulait dans cette lettre ministre plénipotentiaire de S. M. Britannique près la Porte ottomane, et offrait d'ouvrir à ce titre des communications officielles avec le général Kléber.

Nomination des négociateurs Français.

Celui-ci s'empressa de répondre le 8 brumaire (30 octobre), qu'il enverrait à son bord le général Desaix et M. Poussielgue pour y entamer des conférences aussitôt que le Grand-Visir y aurait, de son côté, envoyé deux officiers de marque, chargés de la même mission.

M. Smith reçut cette réponse le 16 brumaire (17 novembre) à Jaffa; mais l'adjudant-général Morand, qui en était porteur, ne fut de retour au quartier-général au Kaire que le 15 frimaire (6 décembre 1799). M. Smith, l'agent de Russie et le Grand-Visir agréaient les plénipotentiaires français. M. Smith annonçait même qu'il allait se rendre devant Alexandrie pour les recevoir. Le retard de l'adjudant-général Morand, qui avait mis vingt-huit jours pour venir de Jaffa au Kaire, en causa un nouveau dans la réunion des plénipotentiaires. Kléber savait déjà que Smith avait paru devant Damiette, et les avait demandés. En conséquence il dirigea sur ce point M. Poussielgue et le général Desaix, qui y arrivèrent le 20 frimaire (11 décembre); mais le mauvais temps avait forcé les Anglais de s'éloigner. Ils ne reparurent que le 30 frimaire (21 décembre); et enfin les plénipotentiaires français arrivèrent le lendemain sur le Tigre.

Conférences sur le vaisseau anglais *le Tigre*.

Leur première demande fut le libre passage et retour en France des blessés et des membres de la commission des sciences et arts, qui fut accordé sans difficulté ni discussion. On convint ensuite d'un armistice pendant les conférences.

Enfin, on aborda la grande question de l'évacuation. Les plénipotentiaires français reconnurent cette évacuation comme base fondamentale de leur négociation, mais ils y joignirent plusieurs conditions qui parurent inadmissibles. Ils voulaient que le traité à faire servît de préliminaire à la paix à conclure entre la France et la Porte ottomane ; que l'alliance entre cette puissance, l'Angleterre et la Russie fût dissoute, puisqu'elle n'avait pour but que la garantie de l'intégrité du territoire de l'empire ottoman, que l'évacuation replaçait dans la même position qu'avant la guerre ; que l'on rendît à la France, par compensation, les îles de Corfou, Zante et Céphalonie, dont les Russes s'étaient emparés ; enfin, que l'armée eût la faculté de se porter sur celle des possessions françaises qu'elle jugerait convenable, en tout ou en partie.

On répondit aux plénipotentiaires que personne, ni le Visir, ni le général Kléber, n'ayant de pouvoirs de leurs gouvernemens respectifs pour négocier la paix, on ne pouvait faire qu'un traité militaire et local ; que le traité

d'alliance

d'alliance entre les trois puissances ne pouvait de même être dissous que par une négociation spéciale, consentie et provoquée par elles ; que la restitution des îles de Corfou, Zante et Céphalonie, ainsi que le débarquement des troupes françaises dans ces îles ou à Malte, était contraire aux engagements pris par l'Angleterre envers le roi de Naples et l'empereur de Russie, qui n'étant ni contractants ni représentés au traité actuel, ne pouvaient être lésés dans un acte qui n'intéressait que la Turquie et l'Angleterre.

Elles sont transférées à El-Arisch.

Comme l'échange de toutes les notes diplomatiques jetait souvent dans des embarras et des retards, à cause de la nécessité du concours du Grand-Visir, qui n'avait pas encore envoyé de plénipotentiaires, on résolut de transférer le lieu des conférences au camp même des Turcs, quoique la barbarie de ces peuples divers, sans discipline, dût faire craindre les dangers que l'on avait à courir au milieu d'eux.

En effet, ils murmuraient déjà hautement de ce qu'on les tenait dans l'inactivité au milieu du désert, où la faim et la misère finiraient, disaient-ils, par les affaiblir et les consumer. Ils accusaient particulièrement M. Smith de ces retards; et cet Anglais, vraiment brave et loyal, fit preuve d'un grand courage et du vif désir qu'il avait d'aplanir promptement les difficultés qui se présentaient à l'arrangement définitif, en venant ainsi se placer sous l'égide d'un chef d'armée qui avait à peine assez d'autorité pour empêcher ses soldats de faire du mal, même contre leur propre intérêt. Les plénipotentiaires français partagèrent aussi ce courage, car Sydney-Smith ne leur dissimula point le danger, et ils durent frémir, lorsqu'après être débarqués à Jaffa, ils apprirent l'affreux événement qui, au mépris de l'armistice conclu le 3, avait eu lieu à El-Arisch le 9 nivose (30 décembre 1799).

Prise du fort d'El-Arisch par les Turcs.

Le 17 frimaire précédent (8 décembre), un officier anglais, nommé John Douglas, s'était permis d'écrire de Gazah au colonel du génie Cazals, commandant le fort d'El-Arisch, de remettre ce fort à un autre officier nommé Bromley, porteur de sa lettre, vu qu'il était destiné à diriger les opérations de l'armée ottomane contre la garnison. Certes, cette prétendue sommation était absurde, inconvenante, et contraire à toutes les lois de la guerre, qui veulent que pour avoir quelque droit de sommer la reddition d'une place, cette place soit investie et attaquée par un corps de troupes proportionné à sa force. Cette sommation ne méritait donc que le mépris, et n'exigeait pas de réponse. M. Cazals voulut cependant bien en faire une, dans laquelle il témoignait son étonnement d'une pareille demande dans un moment où des négociations étaient ouvertes entre les deux chefs d'armée. Il ajoutait qu'au reste il défendrait son poste jusqu'à la dernière extrémité.

Ce ne fut que le 2 nivose (23 décembre) que l'armée turque parut devant El-Arisch et l'investit. L'attaque commença dans la nuit du 2 au 3; mais elle fut faible, sans intelligence, et ne faisait craindre aucune suite dangereuse. Cependant quelques soldats, effrayés de la fermeté de leur commandant et de sa résolution de soutenir la défense jusqu'à la derniere extrémité, parlèrent de rendre le fort, et remirent, à cet effet, le 4 nivose, au colonel Cazals une pétition signée de quatre-vingts d'entr'eux, déterminés, disaient-ils, à ne plus se battre ainsi isolés, et à une aussi grande distance du corps d'armée. Le lendemain 5, le colonel rassembla toute la garnison, et annonça que les lâches signataires de la pétition étaient libres de sortir du fort et de se rendre à l'ennemi, s'ils le jugeaient convenable; que même, s'il y en avait d'autres qui voulussent se joindre à eux, il les verrait partir avec plaisir, parce qu'il ne voulait que des braves, et que, quelque petit qu'en fût le nombre, il suffirait pour défendre, avec lui et les officiers, le poste honorable où ils étaient placés.

Cette harangue fit un très-grand effet sur la garnison : elle y répondit par un élan de courage, et elle renouvela le serment de se défendre jusqu'à la mort. On a accusé le commandant de s'être trop confié à cette promesse. Il devait, a-t-on dit, renvoyer ou du moins renfermer les quatre-vingts signataires. Bien au contraire, sa confiance l'honore, il devait croire que ces hommes, un instant égarés, feraient oublier leur faute par quelque action d'éclat. Il se trompa : mais son erreur lui fut fatale. Tout fut tranquille les jours suivans; les assaillans continuaient le siége, sans que leurs opérations produisissent aucun effet. Les batteries du fort démontaient toutes leurs pièces et en éteignaient le feu. Ils eussent été peut-être obligés de convertir ce siége en blocus, qui eût été bientôt levé par les réclamations des plénipotentiaires sur l'inexécution de l'armistice du 3, lorsque le 9 (30 décembre), le fort fut pris, par suite de l'insigne lâcheté des pétitionnaires.

Une sortie avait été ordonnée par le commandant; les grenadiers refusèrent de suivre leur capitaine : dans le même moment une partie de la garnison se porta au drapeau, qu'elle abattit. Les officiers se battaient corps à corps avec les soldats, les uns pour rétablir le drapeau, les autres pour l'abattre de nouveau, et y substituer des drapeaux blancs ; lorsqu'enfin ces derniers appelèrent les Turcs de dessus le rempart, et leur jetant des cordes, les introduisirent dans l'intérieur. A peine ceux-ci se virent-ils en nombre suffisant dans le fort, qu'ils désarmèrent la garnison, et massacrèrent ceux mêmes qui les avaient introduits. Le malheureux commandant voulut au moins sauver la vie et l'honneur à la masse de la garnison, qui n'avait pas coopéré à l'infâme trahison dont elle était la victime. Appercevant dans la mêlée deux officiers, l'un anglais (ce même M. Douglas qui lui avait écrit), et l'autre turc, nommé Rajeb-pacha, il s'adressa à eux, et leur proposa une capitulation, qui fut à l'instant réglée et acceptée. On convint que la garnison serait prisonnière. Mais que pouvaient des traités et même l'autorité des officiers sur des soldats barbares et sans frein! On ne put jamais parvenir à arrêter le carnage, qui fut horrible de part et d'autre, parce que les Français, frustrés dans leurs espérances, et ouvrant trop tard les yeux sur la cruauté de leurs ennemis, se défendirent alors comme des lions, et à leur tour remplirent le fort de cadavres turcs. Dans leur désespoir ils mirent le feu au magasin à poudre, et le fort devint en un instant un monceau de ruines couvert de morts et de mourants.

Ce malheureux événement porta quelque inquiétude dans l'âme du brave et sensible Kléber. Son cœur était navré de douleur en songeant que tous ses efforts pour arrêter l'effusion du sang étaient inutiles. Il se plaignit vivement au Grand-Visir et à Sydney-Smith; mais ni l'un ni l'autre n'était coupable dans cette circonstance. Il fallait prendre son parti, se déterminer à combattre et à détruire cette horde d'assassins, ou attendre patiemment l'issue des négociations, qui, malgré l'événement, avançaient toujours vers le but. Il eût bien pris le premier parti, s'il avait été assuré d'un secours de France, proportionné au moins à la perte d'hommes qu'une bataille décisive eût entraînée; mais si après une victoire, même complette, il eût toujours fallu finir par sortir de l'Egypte, il valait encore mieux s'y déterminer avant qu'après cette perte. Il comptait assez sur ses troupes pour croire au succès de cette bataille; cependant la fortune pouvait lui être contraire. Il n'avait que huit mille cinq cents hommes effectifs à opposer à cette immense armée turque; car il ne pouvait pas dégarnir les autres points de l'Egypte sans courir le risque de voir la population entière prendre les armes et se joindre aux Turcs. Mille hommes seulement gardaient la province de Damiette; dix-huit cents hommes étaient disséminés dans le Delta et la Bahiréh; douze cents hommes contenaient le Kaire et la province de Gizeh, et deux mille cinq cents hommes occupaient la haute Egypte sur cent cinquante lieues de longueur.

Dans cette cruelle alternative il prit le parti qui convenait le mieux à sa position, et il renouvela aux plénipotentiaires l'ordre de traiter à toutes conditions, pourvu que l'honneur de la France et de l'armée ne fût en rien compromis.

Cependant il insista fortement, et jusqu'à la dernière extrémité, sur la rupture de l'alliance entre la Porte, l'Angleterre et la Russie. Mais, sur ce qu'on lui observa que cette alliance n'était que défensive et non offensive, il n'insista plus; et enfin, les plénipotentiaires réunis au camp du Grand-Visir, à El-Arisch, terminèrent toutes les discussions le 3 pluviose au soir, et signèrent le 4 (24 janvier 1800) la convention suivante :

CONVENTION

POUR L'ÉVACUATION DE L'ÉGYPTE,

Passée entre les citoyens Desaix, général de division, et Poussielgue, administrateur-général des finances ;

Et leurs Excellences Mustapha Raschydy, Effendi Tefterdar, et Mustapha Razycheh, Effendy Reys el Ketab, ministres plénipotentiaires de son Altesse le suprême Visir.

Convention d'El-Arisch.

L'armée française en Egypte, voulant donner une preuve de ses désirs d'arrêter l'effusion du sang, et de voir cesser les malheureuses querelles survenues entre la République française et la sublime Porte, consent à évacuer l'Egypte, d'après les dispositions de la présente convention, espérant que cette concession pourra être un acheminement à la pacification générale de l'Europe.

Article 1er. L'armée française se retirera avec armes, bagages et effets sur Alexandrie, Rozette et Aboukyr, pour y être embarquée, et transportée en France, tant sur ses bâtimens que sur ceux qu'il sera nécessaire que la sublime Porte lui fournisse ; et pour que lesdits bâtimens puissent être plus promptement préparés, il est convenu, qu'un mois après la ratification de la présente, il sera envoyé au château d'Alexandrie un commissaire avec cinquante personnes de la part de la sublime Porte.

Art. 2. Il y aura un armistice de trois mois en Egypte, à compter du jour de la signature de la présente convention, et cependant, dans le cas où la trève expirerait avant que lesdits bâtiments à fournir par la sublime Porte fussent prêts, la dite trève sera prolongée jusqu'à ce que l'embarquement puisse être complettement effectué; bien entendu que, de part et d'autre, on emploiera tous les moyens possibles pour que la tranquillité des armées et des habitants dont la trève est l'objet ne soit point troublée.

Art. 3. Le transport de l'armée française aura lieu d'après le règlement des commissaires nommés à cet effet par la sublime Porte, et par le général en chef Kléber; et si lors de l'embarquement il survenait quelque discussion entre lesdits commissaires sur cet objet, il en sera nommé un, par M. le commodore Sydney-Smith, qui décidera les différents d'après les règlements maritimes de l'Angleterre.

Art. 4. Les places de Katieh et de Salehiéh seront évacuées par les troupes françaises le huitième jour, ou au plus tard le dixième jour après la ratification de la présente convention; la ville de Mansourah sera évacuée le quinzième jour; Damiette et Belbeïs seront évacués le vingtième jour; Suez sera évacué six jours avant le Kaire; les autres places situées sur la rive orientale du Nil seront évacuées le dixième jour; le Delta sera évacué quinze jours après l'évacuation du Kaire. La rive occidentale du Nil et ses dépendances resteront entre les mains des Français jusqu'à l'évacuation du Kaire; et cependant, comme elles doivent être occupées par l'armée française jusqu'à ce que toutes les troupes soient descendues de la haute Egypte, ladite rive occidentale et ses dépendances pourront n'être évacuées qu'à l'expiration de la trève, s'il est impossible de les évacuer plutôt. Les places évacuées par l'armée seront remises à la sublime Porte dans l'état où elles se trouvent actuellement.

Art. 5. La ville du Kaire sera évacuée dans le délai de quarante jours, si cela est possible, et au plus tard dans quarante-cinq jours, à compter du jour de la ratification de la présente.

Art. 6. Il est expressément convenu que la sublime Porte apportera tous les soins pour que les troupes françaises des diverses places de la rive occidentale du Nil, qui se replieront avec armes et bagages vers le quartier-général, ne soient pendant leur route inquiétées dans leurs personnes, biens et honneurs, soit de la part des habitants de l'Egypte, soit par les troupes de l'armée impériale ottomane.

Art. 7. En conséquence de l'article ci-dessus, et pour prévenir toutes discussions et hostilités, il sera pris des mesures pour que les troupes turques soient toujours suffisamment éloignées des troupes françaises.

Art. 8. Aussitôt après la ratification de la présente convention, tous les Turcs et autres nations, sans distinction, sujets de la sublime Porte, détenus ou retenus en France, ou au pouvoir des Français en Egypte, seront mis en liberté; et réciproquement, tous les Français détenus dans toutes les villes et échelles de l'empire ottoman, ainsi que toutes les personnes de quelque nation qu'elles soient, attachées aux légations et consulats français, seront également mises en liberté.

Art. 9. La restitution des biens et des propriétés des habitants et des sujets de part et d'autre, ou le remboursement de leur valeur aux propriétaires, commencera immédiatement après l'évacuation de l'Egypte, et sera réglé à Constantinople par des commissaires nommés respectivement pour cet objet.

Art. 10. Aucun habitant de l'Egypte, de quelque religion qu'il soit, ne sera inquiété, ni dans sa personne ni dans ses biens, pour les liaisons qu'il pourra avoir eues avec les Français pendant leur occupation de l'Egypte.

Art. 11. Il sera délivré à l'armée française, tant de la part de la sublime Porte que de la Grande-Bretagne, les passeports, sauf-conduits, et convois nécessaires pour assurer son retour en France.

Art. 12. Lorsque l'armée française d'Egypte sera embarquée, la sublime Porte ainsi que ses alliés promettront que, jusqu'à son retour sur le continent de la France, elle ne sera nullement inquiétée; comme de son côté le général en chef Kléber et l'armée française en Egypte promettent de ne commettre, pendant ledit temps, aucune hostilité ni contre les flottes, ni contre le pays de la sublime Porte et de ses alliés, et que les bâtiments qui transporteront ladite armée ne s'arrêteront à aucune autre côte qu'à celle de France, à moins de nécessité absolue.

Art. 13. En conséquence de la trève de trois mois, stipulée ci-dessus avec l'armée française pour l'évacuation de l'Egypte, les parties contractantes conviennent que, si dans l'intervalle de ladite trève quelques bâtiments de France, à l'insu des commandants des flottes alliées, entraient dans le port d'Alexandrie, ils en partiraient après avoir pris l'eau et les vivres nécessaires, et retourneraient en France munis des passeports des cours alliées; et dans le cas où quelques-uns desdits bâtiments auraient besoin de réparations, ceux-là seuls pourraient rester jusqu'à ce que lesdites réparations seraient achevées, et partiraient aussitôt après pour France, comme les précédents, par le premier vent favorable.

Art. 14. Le général en chef Kléber pourra envoyer sur-le-champ en France un aviso, auquel il sera donné les sauf-conduits nécessaires pour que ledit aviso puisse prévenir le gouvernement français de l'évacuation de l'Egypte.

Art. 15. Etant reconnu que l'armée française a besoin de subsistances journalières pendant les trois mois dans lesquels elle doit évacuer l'Egypte, et pour trois autres mois, à compter du jour où elle sera embarquée, il est convenu qu'il lui sera fourni les quantités nécessaires de blé, viande, riz, orge et paille, suivant l'état qui en est présentement remis par les plénipotentiaires français, tant pour le séjour que pour le voyage; celles desdites quantités que l'armée aura retirées de ses magasins après la ratification de la présente seront déduites de celles à fournir par la sublime Porte.

Art. 16. A compter du jour de la ratification de la présente convention, l'armée française ne prélèvera aucune contribution quelconque en Egypte; mais, au contraire, elle abandonnera à la sublime Porte les contributions ordinaires exigibles qui lui resteraient à lever jusqu'à son départ, ainsi que les chameaux, dromadaires, munitions, canons et autres objets lui appartenants qu'elle ne jugera pas à propos d'emporter, de même que les magasins de grains provenants des contributions déjà levées, et enfin les magasins de vivres. Ces objets seront examinés et évalués par des commissaires envoyés en Egypte à cet effet par la sublime Porte et par le commandant des forces britanniques, conjointement avec les préposés du général en chef Kléber, et remis par les premiers au taux de l'évaluation ainsi faite, jusqu'à la concurrence de la somme de 3,000 bourses (1), qui sera nécessaire à l'armée française pour accélérer ses mouvements et son embarquement; et si les objets

(1) La bourse équivaut à environ 1000 fr. monnaie de France.

ci-dessus désignés ne produisaient pas cette somme, le déficit sera avancé par la sublime Porte, à titre de prêt, qui sera remboursé par le gouvernement français sur les billets des commissaires préposés par le général en chef Kléber pour recevoir ladite somme.

Art. 17. L'armée française ayant des frais à faire pour évacuer l'Egypte, elle recevra, après la ratification de la présente convention, la somme stipulée dans l'ordre suivant; savoir:

Le quinzième jour...... 500 bourses.
Le trentième jour...... 500
Le quarantième jour.... 300
Le cinquantième jour.... 300
Le Soixantième jour.... 300
Le Soixante-dixième jour 300
Le quatre-vingtième jour 300

Et enfin, le quatre-vingt-dixième jour cinq cents autres bourses.

Toutes lesdites bourses de 500 piastres turques chacune, lesquelles seront reçues en prêt des personnes commises à cet effet par la sublime Porte; et pour faciliter l'exécution desdites dispositions, la sublime Porte enverra, immédiatement après l'échange des ratifications, des commissaires dans la ville du Kaire et dans les autres villes occupées par l'armée.

Art. 18. Les contributions que les Français

pourraient avoir perçues après la date de la ratification et avant la notification de la présente convention, dans les divers points de l'Egypte, seront déduites sur le montant des 3000 bourses ci-dessus stipulées.

Art. 19. Pour faciliter et accélérer l'évacuation des places, la navigation des bâtiments français de transport qui se trouveront dans les ports français de l'Egypte, sera libre pendant les trois mois de trève, depuis Damiette et Rozette jusqu'à Alexandrie, et d'Alexandrie à Rozette et Damiette.

Art. 20. La sûreté de l'Europe exigeant les plus grandes précautions pour empêcher que la contagion de la peste n'y soit transportée, aucune personne malade, ou soupçonnée d'être atteinte de cette maladie, ne sera embarquée ; mais les malades, pour cause de peste ou pour tout autre maladie qui ne permettrait pas leur transport dans le délai convenu pour l'évacuation, demeureront dans les hôpitaux où ils se trouveront, sous la sauve-garde de son altesse le suprême Visir, et seront soignés par des officiers de santé français, qui resteront auprès d'eux jusqu'à ce que leur guérison leur permette de partir, ce qui aura lieu le plus tôt possible. Les articles 11 et 12 de cette convention leur seront appliqués comme au reste de l'armée, et le commandant

mandant en chef de l'armée française s'engage à donner les ordres les plus stricts aux différents officiers commandant les troupes embarquées de ne pas permettre que les bâtiments les débarquent dans d'autres ports que ceux qui seront indiqués par les officiers de santé, comme offrant les plus grandes facilités pour faire la quarantaine utile, usitée, et nécessaire.

Art. 21. Toutes les difficultés qui pourraient s'élever, et qui ne seraient pas prévues par la présente convention, seront terminées à l'amiable entre les commissaires délégués à cet effet par son altesse le suprême Visir, et par le général en chef Kléber, de manière à faciliter l'évacuation.

Art. 22. Le présent ne sera valable qu'après les ratifications respectives, lesquelles devront être échangées dans le délai de huit jours; ensuite de laquelle ratification la présente convention sera religieusement observée de part et d'autre.

Fait, signé et scellé de nos sceaux respectifs, au camp des conférences près d'El-Arisch, le 4 pluviose an VIII de la république française, 24 janvier 1800 (v. st.), et le 28 de la lune de chaban, l'an de l'hégyre 1214.

Signé le général de division Desaix; le citoyen Etienne Poussielgue, plénipotentiaire du général Kléber ;

Et leurs excellences Mustapha Raschid Effendi Tefterdar, et Mustapha Rasycheh Effendi Reis El-Kettab, plénipotentiaires de son altesse le suprême Visir.

Pour copie conforme à l'expédition française remise aux ministres turcs en échange de leur expédition en turc.

Signé POUSSIELGUE, DESAIX.

Le général Kléber renvoya l'exemplaire turc au Grand-Visir, avec sa ratification au bas, ainsi conçue :

Je soussigné, général en chef, commandant l'armée française en Egypte, approuve et ratifie les conditions du traité ci-dessus, pour avoir leur exécution en leur forme et teneur; devant croire que les vingt-deux articles y relatés sont entièrement conformes à la traduction française, signée par les plénipotentiaires du Grand-Visir, et ratifiée par son altesse; traduction dont le sens sera constamment suivi chaque fois qu'à cet égard, et pour raison de quelques variantes, il pourrait s'élever des difficultés.

Au quartier-général de Salehiéh, le 8 pluviose (28 janvier 1800).

Signé KLÉBER.

Réflexions sur ce traité.

La lecture de ce traité, si célèbre par son inexécution, fait naître une idée bien simple et bien naturelle, qui n'est cependant pas venue à la pensée de négociateurs aussi éclairés. Comment se fait-il, doit-on dire, que M. Smith, qui s'annonçait comme ministre plénipotentiaire de S. M. britannique près la sublime Porte, qui, quand bien même il n'eût pas eu ce titre entièrement diplomatique, avait toujours bien, comme commandant de forces assiégeant des troupes ennemies, le droit de stipuler avec ces troupes des traités ou conventions militaires locales; comment se fait-il, dis-je, que ce même M. Smith, dans le vaisseau duquel on se transporte pour discuter, avec lui seul, les différents articles de la négociation, qui en pose les bases, en règle les détails, donne et reçoit des notes diplomatiques officielles, n'intervient cependant point dans la convention, qui ne se trouve ensuite signée avec les plénipotentiaires français que par des plénipotentiaires turcs qui ont été presqu'entièrement étrangers à la discussion? M. Smith, auquel ne s'étaient point adressées les premières propositions de Bonaparte et de Kléber, avait réclamé son intervention, non comme auxiliaire de la Porte, mais comme partie principale; et cependant, lorsqu'on s'abandonne à sa loyauté et qu'on en passe par tout ce qu'il règle lui-même, il se retire, et n'engage dans le traité ni son gouvernement, ni les commandants des forces britanniques, au milieu desquelles l'armée française devait passer sans garantie. Le traité porte bien, qu'il lui sera donné des passeports des puissances alliées; mais, qui donne cette promesse? le Grand-Visir seul, lorsqu'il avait auprès de lui des ministres de ces puissances. Eh! qu'importait à ce Visir, lorsqu'on lui aurait remis les places d'Egypte, que les Anglais respectassent ou non les passeports qu'il aurait délivrés. Il était en règle, en exécutant ponctuellement de son côté les articles convenus.

Vice de ce traité.

Le grand vice de ce traité consistait donc dans la négligence des plénipotentiaires français à faire intervenir le commandant des forces britanniques comme partie essentielle, et à faire de la garantie du passage et du retour une condition, *sine quâ non*. Smith n'aurait peut-être pas voulu le signer comme ministre plénipotentiaire; ce qui supposait un caractère diplomatique qu'il n'avait point vraisemblablement, puisque l'Angleterre avait dans lord Elgin un ambassadeur, un véritable ministre à Constantinople; mais il pouvait, il devait le signer comme commandant militaire.

Ce n'est pas que je veuille chercher ici à faire soupçonner la loyauté de M. Sydney-Smith. Non : l'auteur de cette histoire à eu l'honneur de connaître particulièrement cet estimable officier, lorsqu'il est venu en juillet 1801 passer vingt-quatre heures avec les membres de la commission des Sciences et Arts, sur le bâtiment qui devait les ramener en France, et a eu l'occasion d'apprécier la franchise de son caractère ; mais il a cherché long-temps en vain la raison qui a empêché le commodore de signer ce traité : c'est ce vice qui a servi de prétexte à M. Dundas pour assurer dans la séance de la chambre des communes du 8 juillet 1800, qu'il n'avait point existé de traité entre l'armée française et un ministre ou officier de Sa Majesté Britannique. Nous verrons dans le chapitre suivant quelles furent les suites de cette négligence.

Disposition de Mourad-bey pendant le traité.

Pendant les négociations, Mourad-bey, toujours errant dans la haute Egypte, avait senti que la domination des Turcs allait lui être plus préjudiciable que celle des Français, avec qui il ne désespérait pas de traiter, même avec quelqu'avantage. La Porte, qui avait contre lui d'anciennes vengeances à exercer, allait avoir en Egypte des forces infiniment supérieures à toutes celles que les anciens pachas y avaient conduites, tandis que lui se trouvait plus faible qu'à ces époques. Il n'était pas douteux alors qu'elle n'eût l'intention de saisir cette circonstance pour reprendre son ancienne autorité, et détruire entièrement la puissance des Mamlouks. En conséquence, il se rapprocha des Français, et pour la première fois, plein d'estime pour ses vainqueurs, et se confiant dans leur loyauté, il demanda à entrer en négociation avec eux. Sa femme Setty-Neffisse, ancienne épouse d'Aly-bey, pour laquelle les Français avaient eu la plus grande vénération, à cause de ses vertus et de sa charité envers tous les malheureux, servit d'intémédiaire. Il proposa qu'on lui accordât une portion de la haute Egypte, qu'il gouvernerait pour et au nom des Français, tant qu'ils resteraient; et que dans l'hypothèse où ils l'abandonneraient, on le laissât se relever en hommes et en munitions, pour être en mesure de se soutenir contre les Turcs, s'ils restaient maîtres du pays, et qu'il ne pût s'accorder avec eux. Kléber, sans rejeter ni accepter de suite ces propositions, profita de ce rapprochement pour faire connaître au peuple l'influence que les Français avaient sur ce chef. Voulant d'ailleurs disposer des troupes de la haute Egypte, il invita Mourad à venir camper près de Gizeh, et entretint avec lui une correspondance qui leur inspira une profonde estime l'un pour l'autre, et qui maintint pendant tout ce temps la tranquillité dans le pays, depuis seize mois le théâtre de la guerre la plus opiniâtre.

CHAPITRE II.

Bataille d'Héliopolis ; Siége du Kaire ; Assassinat du général Kléber.

A PEINE le général Kléber eut-il reçu la ratification de Youçef-pacha, Grand-Visir de la Porte, au traité d'El-Arisch, qu'il mit la plus grande activité et l'observation la plus religieuse à l'exécution de tous les articles de ce traité.

Promptes dispositions de Kléber pour l'exécution du traité.

Quoique le passage des blessés et de la commission des Sciences et Arts eût été stipulé et accordé par M. Smith avant le commencement des conférences, ils n'étaient cependant pas encore partis; des retards inévitables lorsqu'il s'agit de réunir un grand nombre de volontés libres et indépendantes s'étaient opposés jusque-là à ce départ.

Cependant, les commissaires chargés par le général en chef d'assurer les détails de ce premier embarquement furent désignés, et ils étaient à Alexandrie dans les premiers jours de pluviose (fin de janvier). Après avoir choisi dans ce port un bâtiment pour le passage de la commission, MM. Tallien, Coutelle, Francesky, Germain, et Malliot, se rendirent le 12 pluviose (1er janvier) à bord du vaisseau anglais *le Thésée*, qui avait croisé pendant tout l'hiver dans ces parages, et communiquèrent au capitaine Stiles l'arrangement fait avec le commodore Smith. Stiles déclara qu'il était prêt à laisser passer le bâtiment stipulé dans cet arrangement, et il remit même aux commissaires trois membres de la commission qu'il avait à son bord comme prisonniers faits sur le bâtiment *l'América*: c'étaient MM. Rigel musicien, Corancez géomètre, et Martin ingénieur des ponts et chaussées. Il avait beaucoup d'autres Français, qu'il renvoya quelques jours plus tard, lorsqu'il eut connaissance du traité d'El-Arisch. Les généraux Dumuy, et Junot aide-de-camp de Bonaparte, étaient aussi du nombre des prisonniers faits sur *l'América*; mais ils avaient été envoyés vers le commodore Smith pour obtenir de lui leur retour en France.

Ce fut dans cette communication que les Français apprirent, pour la première fois, à Alexandrie, la révolution du 18 brumaire, et l'élévation du général Bonaparte au consulat, dont les Anglais *du Thésée* n'avaient reçu la nouvelle que le 8 pluviose (28 janvier), quatre jours auparavant.

Premières nouvelles que l'on reçut du 18 Brumaire.

Le brick *l'Oiseau*, qui devait porter les membres de la commission en France, et les bâtiments destinés aux blessés, se disposaient enfin à mettre à la voile le 30 pluviose (19 février), lorsqu'ils reçurent contre-ordre du général en chef le 25 (14 février).

Les événements de France étaient l'objet de la conversation générale; ils excitaient des sentiments divers parmi tous les Français: les uns avaient reçu cette nouvelle avec une joie délirante; c'étaient ceux qui avaient approché Bonaparte de plus près, et qui en espéraient des faveurs proportionnées à sa brillante fortune: les officiers y virent l'espérance de leur avancement; les soldats en général ne purent voir sans quelque plaisir que leur chef allait diriger les destinées de la France. S'il ne comptèrent pas tous sur leur avancement, ils conçurent du moins l'espoir que leur sort serait sensiblement amélioré, et que la carrière militaire, désormais entourée de tout le prestige de

Sentiments des Français à cet égard.

la considération, serait presque la seule route pour parvenir à la fortune et aux honneurs.

Quant à ceux qui avaient trahi la cause de Bonaparte, ils se crurent perdus, et un avenir sinistre se présenta devant eux. Cependant personne ne regardait encore ces événements comme très-certains, et on en attendait avec impatience la confirmation, lorsque le 9 ventose au soir (28 février), à la suite d'un très-gros temps qui avait éloigné *le Thésée*, on vit entrer à Aboukyr l'aviso *l'Osiris*, sur lequel était le colonel Latour-Maubourg, chargé par Bonaparte de porter en Egypte la nouvelle et les détails des changements arrivés en France. Le colonel, impatient de remplir sa mission, se rendit de suite au quartier-général. Son arrivée dissipa tous les doutes sur ces changements, et chacun songea aux moyens d'en tirer le parti le plus convenable à sa position.

Menou, quoiqu'appelé par le général en chef au Kaire, pour prendre part aux opérations de l'armée active, était rentré à Rozette dès le 30 frimaire (21 décembre), et n'avait plus quitté son harem. Il eut l'impudence d'écrire aux trois Consuls que le traité d'El-Arisch était une infâme trahison, que l'on pouvait aisément se maintenir en Egypte, et qu'il éprouvait un chagrin et une douleur extrêmes de cette évacuation, provoquée, disait-il, par le seul désir de quitter le pays. Il en voulait surtout à l'un des négociateurs, M. Poussielgue, dont il avait envié la place d'administrateur-général, et il s'écriait, que l'administration avait été détestable, que l'Egypte pouvait rapporter quarante-cinq millions; mais que les déprédations des administrateurs, la soif de l'or, et l'oubli de tous les principes d'honneur et de morale, avaient paralysé tous les revenus. On pouvait croire que ces lettres étaient autant d'actes de démence; mais leur véritable but était sensible et nullement déguisé. Menou voulait flatter Bonaparte et paraître partager son animosité contre Kléber, et il finissait toujours par ces mots : « Si, en arrivant en France, je suis jugé propre à servir la République, je vous prie de vous rappeler de moi ».

Départ de Desaix et de plusieurs généraux.

Pendant ce temps, le général Desaix était arrivé avec toute sa suite à Alexandrie; il demanda au *Thésée* un officier anglais pour l'accompagner, et il partit le 12 ventose au matin (3 mars) sur le bâtiment ragusais *la Santa Maria delle Grazie*, appartenant au sieur Hamelin, arrivé en pluviose an VII (février

1799). Le général Davoust partit en même temps sur l'aviso *l'Etoile.*

Les Anglais s'opposent à l'exécution du traité d'El-Arisch.

M. Poussielgue, les généraux Dugua et Vial, et l'adjudant général Cambise, étaient arrivés les 9 et 10 ventose, et allaient suivre ces bâtimens; mais il n'était plus temps, le capitaine Stiles venait de recevoir des ordres du commodore Smith de ne laisser sortir aucun bâtiment des ports d'Egypte, sous quelque prétexte que ce fût. Etonné de cette mesure extraordinaire et contraire au traité qui venait d'être conclu, M. Poussielgue demanda à avoir une explication avec le commodore Smith. Celui-ci arriva quelques jours après de Chypre, où il était allé recompléter l'approvisionnement de son vaisseau, et il écrivit le 17 ventose (8 mars) à M. Poussielgue une lettre dans laquelle il lui disait, qu'il était venu à Alexandrie pour lui faire part d'une manière détaillée des obstacles que ses supérieurs mettaient à l'exécution de toute convention avec les Français. Les ordres qu'il avait reçus à cet égard en Chypre, le 3 ventose (22 février), étaient datés du 20 nivose (10 janvier).

Loyauté de Sydney-Smith à cette occasion.

Cet officier, dont j'ai déjà fait remarquer plusieurs fois l'extrême loyauté, disait dans cette lettre, que quant à lui, il passerait bien par dessus ces ordres, mais ce serait, ajoutait-il, tendre un piége à mes braves antagonistes, si je les encourageais à s'embarquer; je dois à l'armée française, et à moi-même, de ne pas lui laisser ignorer l'état actuel des choses. On reconnaît à ces paroles le véritable langage d'un brave, généreux et loyal militaire. C'est l'idée que M. Smith a laissée de lui parmi tous les Français qui étaient alors en Egypte, et je sais que c'est une des principales récompenses qu'il ambitionnait dans cette expédition.

Il pria M. Poussielgue de se rendre à son bord, et lui proposa de l'envoyer sur une frégate jusqu'au commandant en chef de la flotte anglaise dans la Méditerranée pour le déterminer à révoquer les ordres qu'il en avait reçus. M. Poussielgue accepta l'offre, et partit avec l'adjudant-général Cambise, sur une corvette anglaise, le 20 ventose (11 mars). Il avait aussi obtenu un passeport pour le général Dugua, qui partit aussitôt; mais le général Vial resta.

Tous ces départs successifs étaient une grande preuve de confiance que le général Kléber mettait dans l'exécution du traité; peut-être même pouvait-on à cet égard lui reprocher trop de précipitation. Pourquoi des généraux étaient-ils les premiers à s'embarquer? et ces généraux eux-mêmes n'étaient-ils pas coupables dans cet empressement extrême qu'ils mettaient à abandonner des soldats qui les chérissaient tant? Malheureux Desaix, que ne restais-tu jusqu'à la fin! tu n'aurais pas essuyé à Livourne les humiliations d'un orgueilleux Anglais, tu n'aurais pas enhardi, par ta victoire et ta mort à Marengo, l'ambition d'un homme qui, depuis ce temps, est devenu le fléau de la France; tu aurais, en succédant à Kléber, empêché qu'un général ignorant déshonorât la brave armée d'Orient.

Le général en chef, animé du vif désir de voir l'armée s'embarquer, était bien loin de soupçonner une arrière-pensée aux Turcs et aux Anglais. Il avait déjà livré, aux époques déterminées par le traité, les forts de Katieh, de Salehiéh, de Belbeïs, et l'ennemi s'avançait. Dervich-pacha, avec une nombreuse troupe d'Osmanlys, était parti pour occuper la haute Egypte. Les Français avaient évacué Lesbeh, Damiette, et toute la rive orientale de la branche du Nil qui conduit à ces deux villes; le Kaire devait être évacué du 20 au 25 (11 au 16 mars). Les approvisionnements, les bagages et la presque totalité des munitions de guerre étaient transportés à Alexandrie. Cependant, le 3 ventose (22 février), époque où M. Smith reçut, en Chypre, le contre-ordre avant lequel il n'en avait certainement donné aucun, les Turcs n'avaient encore exécuté aucune de leurs conditions obligatoires. Les paiements qu'ils étaient tenus de faire ne s'effectuaient point, et il n'était encore entré aucun bâtiment dans les ports d'Egypte. Le Grand-Visir, dont le quartier-général était à Belbeïs, depuis le 30 pluviose (19 février), avait envoyé son avant-garde à El-Hanka, où il se transporta lui-même le 21 ventose (12 mars).

C'est dans cette position que Kléber vit arriver au Kaire M. Keith, secrétaire du commodore Smith, porteur d'une lettre de cet officier, datée de Chypre, le 22 février (3 ventose), par laquelle il s'empressait de le prévenir que le commandant en chef de la flotte anglaise dans la Méditerranée avait reçu des ordres de s'opposer à l'exécution du traité d'El-Arisch, et qu'en conséquence il lui faisait part sans délai de cette difficulté, afin qu'il fît de nouvelles dispositions jusqu'à nouvel ordre.

Dispositions de Kléber pour la sûreté de l'armée.

Kléber, interdit à cette lecture, remercia le ciel d'avoir été prévenu à temps. Deux jours plus tard c'en était fait de l'armée, elle aurait péri misérablement. C'était l'arrière-pensée des ministres d'Angleterre, qui, à cette époque, influaient sur les opérations du gouvernement. Ils ne pouvaient ignorer que Sydney-Smith ménageait, depuis plus de trois mois, un arrangement dont l'évacuation de l'Egypte était la base principale. Cette évacuation, pure et simple, qui était pour l'Angleterre un avantage immense, ne leur parut plus suffisante, lorsque, par la dépêche de Kléber au Directoire, surprise, comme je l'ai dit, devant Toulon, ils virent ou crurent voir que l'armée française était dans un état de faiblesse et de dénuement qui permettait de lui imposer telle condition que l'on jugerait convenable. Ils ne voulurent donc entendre à aucun arrangement; et, dans l'hypothèse qu'ils devaient regarder comme très-probable, où il en aurait été conclu, ils défendirent à leurs amiraux de les reconnaître; espérant même que ce traité présenterait un avantage de plus, en ce que les Français, dépossédés de leurs positions, seraient aisément forcés d'accepter les conditions les plus avilissantes; l'un d'eux, M. Dundas, se félicitait « sur la fin prochaine de cette armée perfide, » qui devait, disait-il, servir d'exemple au » monde; l'intérêt du genre humain demandait, selon lui, sa destruction. »

Les Turcs veulent forcer l'entrée du Kaire.

Kléber, sans perdre de temps, fit réarmer les forts, arrêta le départ des munitions, fit remonter celles qui étaient déjà transportées, rassembla toutes les troupes qu'il avait de disponibles,

nibles, et prit position en avant du Kaire. Il envoya M. Keith auprès du Grand-Visir, pour lui communiquer la lettre que M. Smith lui avait écrite, et il l'invita, dans la position où en étaient les choses, à ne pas sortir de Belbeïs jusqu'à ce qu'on pût s'entendre. Mais le Grand-Visir ne tint aucun compte de cette invitation ; il avança toujours, porta son avant-garde à Matariéh, et voulut entrer dans la capitale aux termes du traité, parce que, disait-il, on l'avait promis et annoncé à son armée.

Cette ville, depuis plus de huit jours, était remplie d'un grand nombre de soldats turcs qui insultaient hautement les Français dans les rues. Ceux-ci, lassés de leur audace, résolurent de ne plus la souffrir, et quelques rixes s'élevèrent dans différents quartiers. Les Turcs s'efforcèrent de faire soulever le peuple pour les soutenir, et se réunirent à cet effet dans le quartier de la grande mosquée.

Mustapha, fait prisonnier en thermidor dernier à Aboukyr, avait été nommé pacha du Kaire, et était déjà en fonctions. Le général Kléber lui porta ses plaintes au nom de l'armée. Celui-ci répondit qu'il allait faire ses efforts pour faire cesser cet état de choses, mais que malheureusement il ne pouvait être maître d'une troupe aussi insubordonnée. En ce cas, lui répondit le général, j'y mettrai ordre moi-même. Il fit en conséquence marcher deux bataillons sur un café où des Turcs s'étaient renfermés, et bientôt tout ce qui s'y trouvait fut égorgé. Il fit faire ensuite dans la ville des patrouilles qui arrêtèrent tous les soldats turcs qu'elles rencontrèrent, et dès ce moment la tranquillité fut rétablie.

Dispositions de Mourad-bey.

Mourad-bey, toujours campé près de Giseh, voyait le départ des Français avec une vive douleur. Il allait être forcé de recommencer à guerroyer avec les Turcs. Il fit tout pour déterminer Kléber à livrer une bataille au Visir, et promit de l'aider de tous ses moyens; mais le général, ne voulant point le compromettre inutilement, exigea de lui la plus parfaite neutralité.

Lettre de l'amiral Keith, à Kléber.

Après les ordres que l'amiral Keith avait donnés à M. Smith, il pensa qu'il n'avait plus qu'à recueillir les restes de l'armée française échappés au fer des Turcs, des Arabes et des habitants. Il chargea donc M. Smith de transmettre au général Kléber la lettre suivante, dont M. Wright, lieutenant du vaisseau *le Tigre*, fut porteur.

A bord du vaisseau de S. M. la Reine Charlotte.

A Minorque, le 8 janvier 1800.

Monsieur,

« Ayant reçu des ordres positifs de S. M., de ne consentir à aucune capitulation avec l'armée française que vous commandez en Égypte et en Syrie, excepté dans le cas où elle mettrait bas les armes, se rendrait prisonnière de guerre, et abandonnerait tous les vaisseaux et toutes les munitions des ports et ville d'Alexandrie aux puissances alliées; et dans le cas où une capitulation aurait lieu, de ne permettre à aucune troupe de retourner en France qu'elle ne soit échangée; je pense nécessaire de vous informer que tous les vaisseaux ayant des troupes françaises à bord, et faisant voile de ce pays avec des passeports signés par d'autres que ceux qui ont le droit d'en accorder, seront forcés, par les officiers des vaisseaux que je commande, de rentrer à Alexandrie, et que ceux qui seront rencontrés retournant en Europe, d'après des passeports accordés en conséquence d'une capitulation particulière avec une des puissances alliées, seront retenus comme prise, et tous les individus à bord considérés comme prisonniers.

Signé Keith.

Cette lettre prouve bien qu'on supposait le traité déjà existant; ainsi, elle était à la fois une insulte à l'armée française et à la Porte ottomane, dont les Anglais, malgré leur alliance, ne voulaient pas reconnaître les traités faits pour recouvrer l'intégrité de son territoire.

Indignation de l'armée à la lecture de cette lettre.

Dans toute autre circonstance, on aurait opposé le mépris à cette pièce arrogante ; elle donnait la mesure de l'ignorance de celui qui l'avait écrite sur la véritable situation et le caractère de l'armée française ; mais, dans la position où se trouvait Kléber, elle excita toute son indignation ; il mesura de l'œil la profondeur de l'abîme dans lequel sa trop grande confiance avait été sur le point de l'entraîner. Il rappela son courage, et comptant sur celui de l'armée, il fit imprimer la lettre de l'amiral anglais, à laquelle il ajouta seulement ces mots :

« Soldats, on ne répond à de telles insolen-
» ces que par la victoire. Préparez-vous à
» combattre. »

Jamais effet ne fut plus prompt que celui produit par cette lettre sur l'esprit des Français. Un cri de guerre se fit entendre partout à la fois. Le seul regret que le soldat manifesta dans cette occasion fut de n'avoir pas à combattre des Anglais. « Les lâches, disait-il, que
» ne viennent-ils donc eux-mêmes chercher
» nos armes, puisqu'ils les convoitent tant ! ils
» se contentent de nous livrer un malheureux
» troupeau de moutons à égorger. » Ces discours faisaient connaître la confiance que chacun avait dans le succès. On sentait ses forces

augmenter dans la proportion de l'indignation qu'on éprouvait.

Kléber fait dire au Visir qu'il ait à se retirer.

Cependant Kléber voulut encore tenter un dernier effort auprès de Youçef-pacha ; il lui fit savoir qu'il eût à reculer, parce qu'il ne pouvait le souffrir dans la position qu'il occupait. Les postes avancés des deux armées étaient mêlés dans la grande plaine de Matariéh. Depuis la communication de la lettre de M. Smith, des conférences s'étaient établies à la Coubbée, mais elles n'arrivaient à aucun résultat. Au contraire, Kléber fut informé que les Turcs organisaient des insurrections dans le Kaire et dans le Delta. Il avait appris que le général Galbaud était arrivé de France avec sa famille sur le brick *le Lody*, et avait débarqué à Damiette le 13 ventose (4 mars), mais que les Turcs, qui avaient déjà pris possession de cette ville, l'y retenaient prisonnier. Kléber, impatienté, fit cesser les conférences, et envoya le pacha Mustapha dire au Grand-Visir que, si le lendemain 29 ventose au matin (20 mars), il ne retournait pas à Belbeïs, et le jour suivant à Salehiéh, pour se retirer sur les frontières de la Syrie, il saurait bien l'y contraindre. Youçef lui fit répondre qu'un Visir ne reculait jamais. « F....., dit-il, dans un » mouvement d'impatience, je le ferai bien re-

« culer demain, et plus vite qu'il ne voudra. »

Conseil de guerre.

A l'instant il convoqua tous les officiers généraux en conseil de guerre, et leur mettant la lettre de Keith sous les yeux: « Que devons-» nous faire, messieurs, leur dit-il, dans une » telle conjoncture? J'attends votre décision. » Nous battre, répondirent-ils tous à la fois: voilà notre devoir et le vôtre, général. « J'avais » compté sur votre résolution, dit Kléber; et » après leur avoir détaillé son plan de bataille, » Partons, ajouta-t-il, tout est prêt; on n'attend » que vous. »

Bataille d'Héliopolis.

Il était minuit, la lune allait se lever, on se transporta à la Coubbée, les troupes déjà rassemblées n'attendaient que le signal du départ; elles virent venir leurs généraux, et ne purent contenir un élan de joie; elles sentaient que l'heure de la vengeance avait enfin sonné. Chaque soldat était jaloux de montrer sa confiance au général en chef, qui parcourut les rangs, et reçut de chacun l'assurance de la victoire.

Enfin, le 29 ventose, à la pointe du jour (20 mars 1800), l'armée se mit en marche dans le plus profond silence. Ce spectacle était imposant. Une petite masse d'hommes rassemblés en un point dans l'espace allait choquer une immense population étendue sur une ligne qui bornait l'horizon, et ce choc allait décider du sort de trois millions d'hommes.

Quoique le Visir eût été bien prévenu la veille des dispositions d'attaque des Français, il ne pouvait croire qu'en si petit nombre ils osassent l'attaquer : il était donc encore couché lorsque ses gardes avancées signalèrent leur marche.

La ligne de bataille adoptée par Kléber se composait de deux divisions d'infanterie, commandées, l'une, à droite, par le général Friant, l'autre, à gauche, par le général Reynier. Chacune de ces deux divisions était partagée en deux brigades formées en bataillon carré : le premier carré de droite sous les ordres du général Belliard, le second sous ceux du général Donzelot. Le premier carré de gauche près le centre était commandé par le général Robin, et le dernier par le général Lagrange. L'artillerie légère occupait les vides que les carrés laissaient entr'eux. La cavalerie, sous les ordres du général Leclerc, soutenue des deux côtés par le corps des dromadaires, remplissait l'intervalle du milieu ; en arrière de la division Reynier marchait la réserve, au centre de laquelle on avait placé le grand parc d'artillerie ; ses angles en avant étaient renforcés chacun d'une compagnie de grenadiers.

Le tout formait environ dix mille hommes.

Sur la droite, mais hors de ligne, et seulement en observation, on voyait Mourad-bey avec ses Mamlouks, attendant l'issue du combat pour aller rendre hommage au vainqueur, mais dont les vœux s'étaient déjà prononcés hautement en faveur des Français, dans les rangs desquels il se serait placé volontiers, si Kléber le lui eût permis.

L'avant-garde de l'armée ennemie, commandée par Nassyf-pacha, occupait le village de Matariéh avec cinq à six mille janissaires. Elle s'étendait sur la droite jusqu'aux bords du Nil, et sur la gauche jusqu'à la mosquée Sibelli-Hassem, où s'étaient tenues les conférences. Le corps d'armée était campé, sans ordre, entre El-Hanka et le village d'Abouzabel. On variait sur sa force, entre soixante et quatre-vingt mille hommes.

Marche d'un corps de cavalerie turque sur le Kaire.

L'armée française commença son mouvement par la droite, qui arriva à la mosquée, d'où elle chassa aisément l'ennemi, pendant que la gauche se plaça entre les ruines d'Héliopolis et l'armée turque, afin d'empêcher que l'avant-garde ne se rejetât sur elle, ou que le Visir ne lui envoyât du secours lorsqu'elle se replierait. Dans ce moment, un immense corps de cavalerie, composée d'Osmanlis et des Mamlouks d'Ibrahim-bey, s'inquiétant peu de la manœuvre des Français, et se voyant coupé du gros de l'armée turque, abandonna le champ de bataille, et ralliant ce qu'il put d'infanterie, fit un détour dans les terres, et alla s'emparer du Kaire.

Le village de Matariéh était couvert par des retranchemens que défendaient une troupe de janissaires intrépides. Au moment où les Français s'avançaient sur eux au pas de charge, ces janissaires eurent l'imprudence de sortir de leurs retranchemens pour courir sur une des colonnes françaises; mais il n'y rentrèrent plus. Attaqués de toutes parts avec une impétuosité supérieure à la leur, ils périrent tous par le feu et la baïonnette. Cette troupe fut la seule qui montra quelque courage dans cette journée. Cependant ce premier succès n'était encore rien à côté de ce qui restait à faire. Au Visir! au Visir! s'écriait-on de toutes parts dans la ligne française.

Nassyf-pacha, ayant demandé dans ce moment à parlementer, le général Kléber lui envoya son aide-de-camp Baudot; mais aussitôt que cet officier fut arrivé auprès des Osmanlys, il se vit en butte à tous les outrages, et fut envoyé au visir, attaché à la queue d'un cheval.

Cependant l'armée turque ne pouvait rester spectatrice oisive de la défaite de son avant-garde à Matariéh. Elle accourut, et se plaça entre les villages de Séricaurt et El-Marek; le Visir lui-même s'établit derrière un bois de palmiers, autour de ce dernier village.

Déroute de l'armée du Visir à Matariéh et à El-Hanka.

La ligne française s'avançait, en tenant toujours son même ordre de bataille, la droite sur Séricaurt, et la gauche sur El-Marek. Le quartier-général du Visir fut vivement attaqué par l'artillerie. Celle des Turcs, que l'on disait dirigée par les Anglais, l'était cependant si mal que les boulets passaient beaucoup au-dessus de la tête des Français. Alarmés de cette attaque, les Turcs accoururent sur la division du général Friant; mais celui-ci les reçut par une décharge d'artillerie à mitraille qui les arrêta et les détermina bientôt à prendre la fuite.

Le Visir, plus confiant dans sa cavalerie, lui ordonna de fondre sur les Français, dont la petite armée se trouva en un instant entourée d'une troupe nombreuse; mais comme elle faisait face et feu de toutes parts, l'ennemi n'osa entreprendre la charge, et les Français poursuivirent toujours leur première attaque. Le Visir effrayé s'enfuit précipitamment, et retourna à son camp d'El-Hanka; alors Nassyf-pacha qui savait qu'un corps s'était porté sur le Kaire, abandonna son maître à sa mauvaise fortune, et alla se jeter dans cette capitale.

Youçef crut au moins, pouvoir se reposer et faire de nouvelles dispositions à El-Hanka, mais toujours poursuivi, il donna, suivant ses expressions, le premier exemple d'un visir qui recule. Son armée était déjà débandée, et se jetait de tous côtés dans la plus grande confusion. Les Français, arrivés le soir à El-Hanka, y prirent dans le camp et sous les tentes de l'ennemi le premier repos et la première nourriture. Depuis vingt-quatre heures ils ne s'étaient soutenus qu'avec l'eau-de-vie dont on leur avait fait la distribution dans la nuit; mais ils se dédommagèrent amplement dans le camp des Turcs qu'ils trouvèrent approvisionné de vivres. Kléber commençait à jouir de ce premier succès; mais sa joie fut bientôt troublée par le bruit du canon qui se faisait entendre au Kaire, et que le calme de la nuit lui permit de distinguer. Soupçonnant ce qui s'y passait, il dut faire toutes les dispositions pour envoyer du secours aux Français qu'il avait laissés dans cette capitale. Deux mille hommes enfermés dans les forts et la citadelle, sous le commandement des généraux Verdier, et Zayonchek, étaient à la vérité suffisants contre une insurrection populaire; mais Kléber se souvenait

Kléber envoie un premier secours au Kaire.

avoir vu dans la journée le corps ennemi qui allait se joindre aux insurgés. Il détacha donc de la division Reynier la brigade du général Lagrange, qu'il fit partir dans la nuit même, après quoi il se mit en marche avec l'armée pour Belbeïs, où il arriva le 30 ventose au matin (21 mars).

Reprise de Belbeïs.

Pendant que le général Reynier se présentait devant la ville, et que le général Friant cherchait à couper la retraite à un corps de cavalerie ennemie qui était en bataille en avant, cette cavalerie prit promptement la fuite, et s'échappa par la route de Salehiéh. L'infanterie qui occupait la ville se réfugia dans l'un des forts, où elle fit pendant tout le jour la défense la plus opiniâtre. On fut obligé de faire toutes les dispositions d'un siége, et on allait le commencer le lendemain matin 1er germinal (22 mars), lorsque les Turcs proposèrent eux-mêmes de se rendre, ne demandant pour toute condition, que la permission de rejoindre l'armée ottomane et d'emporter leurs armes. Ils n'obtinrent que celles qui leur étaient nécessaires pour se défendre contre les Arabes.

Pendant que Belbeïs retombait ainsi, sous la puissance des Français, la cavalerie qui battait la campagne avait surpris et arrêté quelques Mamlouks et Osmanlys, qui conduisaient au Kaire, les bagages d'Ibrahim-Bey, et de Nassyf-pacha. Kléber, reconnaissant par là que les corps ennemis qui s'étaient portés sur le Kaire étaient beaucoup plus considérables qu'il ne l'avait cru d'abord, détacha encore les généraux Friant et Donzelot pour aller soutenir le général Lagrange.

Combat de Koraïm.

Le général Reynier marchait déjà sur Salehiéh, lorsque le Grand-Visir qui s'y trouvait envoya au général en chef un Arabe pour lui demander la suspension des hostilités, et le rétablissement des conférences à Belbeïs, mais l'armée française ne pouvait plus s'arrêter sans compromettre sa sûreté. Le général arriva le 2 germinal (23 mars), à la pointe du jour, au village de Koraïm, en avant duquel, une vive canonnade se faisait entendre. La division Reynier était aux prises avec un groupe de trois à quatre mille cavaliers. A peine le général en chef, qui n'avait avec lui que les guides et un régiment de hussards, parut sur les dunes de sable qui dominent le village, que la cavalerie ennemie accourut sur sa petite troupe. N'ayant pas eu le temps de se former, elle reçut une charge impétueuse qui devint une horrible mêlée, où chacun eut à penser à sa défense personnelle. Les habitants de

Koraïm se joignant à la cavalerie ennemie, rendirent extrêmement difficile la position de ce petit nombre de Français; le général en chef lui-même y reçut une blessure à la tête; mais bientôt le général Reynier envoya à son secours un régiment de dragons, qui fit fuir toute cette populace, ainsi que la cavalerie ennemie, et toute l'armée réunie arriva au bivouac à deux lieues en avant de Salehiéh.

Reprise de Salehiéh.

Le général Kléber pensait que ce village devait être le lieu d'une seconde bataille décisive. Il devait croire qu'étant le dernier de la terre cultivée, l'armée turque s'y serait ralliée, et que n'ayant ensuite que le désert pour asile, elle s'y serait défendue jusqu'à la mort; mais il en était tout autrement. Le Visir, sur le refus du général Kléber d'entamer de nouvelles conférences, sachant qu'il marchait sur Salehiéh, monta aussitôt à cheval, prit avec lui seulement cinq cents hommes, et s'enfonça promptement dans le désert, qu'il parcourut sans s'arrêter jusqu'à Gazah.

L'armée turque est jetée, et périt tout entière dans le désert.

Son départ fut dans l'armée turque le signal de la déroute la plus complette. L'épouvante et la confusion furent si grandes, que les Turcs abandonnèrent tout, camp, artillerie, bagages, et qu'ils se jetèrent sans vivres ni munitions dans le désert, sur les traces du

Visir. Mais ils y trouvèrent tous la mort la plus affreuse; les Arabes, attendaient avec impatience une déroute, de quelque côté qu'elle fût, pour tomber sur les vaincus, et partager les dépouilles. Ici, ils furent bien servis suivant leurs désirs : ils aimaient mieux avoir à dévaliser les Turcs que les Français, parce que ceux-ci auraient vendu chèrement leur vie, que les premiers étaient en plus grand nombre, et enfin que leurs dépouilles étaient plus riches. D'ailleurs, les trouvant ainsi dans le milieu du désert, ils n'avaient pas à craindre de partager ces dépouilles avec les vainqueurs. Ces malheureux Turcs tombèrent donc tous sous le fer des Arabes, qui devinrent ainsi de bons auxiliaires pour les Français, si toutefois ce n'est pas prostituer ce nom que de le donner à une telle troupe.

Les habitants de Salehiéh vinrent au-devant de l'armée française le 3 germinal (24 mars), pour lui faire connaître cette fuite précipitée du Visir, et les Français entrèrent dans le camp abandonné, avec l'espoir d'y trouver de nouvelles richesses; mais le butin se réduisit à bien peu de chose, le soldat n'y trouva que ce que les Arabes n'avaient pu ou n'avaient pas voulu emporter. Ce fut là le terme de la course de l'armée française, qui s'arrêta enfin bout de quatre jours de combat et de marche. Le général Leclerc fut cependant envoyé jusqu'au point appelé Kantarra-el-Kgrasné, à l'extrémité du lac Menzaleh; mais voyant la route couverte de cadavres, que les Arabes dépouillaient, il revint en hâte sur Salehiéh.

C'en était donc fait, de cette armée si redoutable; un faux calcul des ministres anglais avait causé son anéantissement, et le sort qu'ils avaient réservé aux Français était retombé sur leurs alliés; mais le moment du repos n'était pas encore arrivé. Le commencement d'exécution du traité d'El-Arisch avait dejà fait livrer aux Turcs plusieurs points importants de l'Egypte. Ils occupaient Damiette et Lesbeh; Dervich-pacha était dans le Saïd, et les peuples étaient soulevés partout. Les généraux Lanusse et Rampon parcouraient le Delta; ce dernier reçut ordre de se porter sur Damiette par l'ouest, pendant que le général Belliard s'y rendait par l'est, en suivant les bords du lac Menzaleh, qu'il fut chargé de soumettre. Le général en chef, ayant ensuite laissé le général Reynier pour surveiller le désert et la province de Charkié, partit de Salehiéh le 3 germinal au soir (24 mars), et reprit la route du Kaire, où il arriva le 6 au matin (27 mars).

Il

Insurrection du Kaire.

Il paraît certain que le Grand-Visir, ou ses agents, avaient organisé une insurrection dans cette ville, car le 29 ventose au matin (20 mars), à peine la bataille d'Héliopolis était-elle commencée, qu'un groupe d'Osmanlys s'était jeté dans Boulac, et y trouvant les habitants déjà réunis et armés de fusils et de sabres, les conduisit contre le fort Camin situé près la porte de l'Esbekiéh au Kaire; mais vigoureusement canonnés à mitraille par ce fort, ils furent obligés de se retirer, et rentrèrent dans Boulac, dont ils se réduisirent à interdire l'entrée aux Français.

De leur côté, les habitants du Kaire qui s'étaient portés en foule dans la plaine de la Coubbé, pour connaître l'issue de la bataille, éprouvèrent une joie bien vive lorsqu'ils virent arriver le corps de cavalerie qui avait abandonné l'armée turque après que les Français eurent rompu la ligne de l'avant-garde; mais cette joie ne put se contenir, et ils la manifestèrent par tous les excès, lorsqu'ils virent entrer Nassyf-pacha, Osman-effendi, et tous les beys, qui leur assurèrent que le Visir les envoyait pour prendre possession du Kaire au nom de l'empereur Selim, et annoncer au habitants la destruction de l'armée française. Le premier soin du féroce Nassyf-pacha fut de se transporter au quartier des négociants européens, où il fit égorger sous ses yeux, sans distinction d'âge, de sexe, ni de nation, tous ceux de ces malheureux qui étaient restés dans leurs maisons sur la foi d'un sauf-conduit du Grand-Visir; leurs corps jetés dans le canal restèrent en butte aux outrages, et devinrent la pâture des chiens et des vautours. Tous ceux des Turcs qui avaient accepté des honneurs et des richesses des Français furent impitoyablement mis à mort. Mustapha, aga des janissaires, fut empalé. La populace, pendant ces exécutions, commit les plus grandes horreurs, et se porta à tous les excès. Les malheureux habitants qui, enfermés dans leurs maisons, voulaient y attendre tranquillement la fin des événements sans coopérer à toutes les horreurs auxquelles on poussait le peuple, furent aussi victimes de ces excès par le pillage qu'ils essuièrent.

Belle défense de deux cents Français restés au quartier-général.

Les Français qui n'avaient pas suivi l'armée s'étaient retirés dans les forts et dans la citadelle; mais deux cents restaient sans défense dans la maison du général en chef, sur la place Esbekiéh. Après son expédition dans la contrée européenne, Nassyf-pacha, informé de leur petit nombre, crut qu'il en aurait tout aussi bon marché que des malheureux négociants, et il entraîna son armée d'assassins sur cette place; mais il fut bientôt détrompé. Les grenadiers et les guides à pied, qui composaient ces deux cents hommes, l'attendaient de pied ferme rangés en bataille devant la maison, et après l'avoir accueilli lui et sa populace par une fusillade bien nourrie, ils fondirent, la baïonnette en avant, sur cette masse qui n'avait nullement compté sur une telle réception, et en un instant toute la place Esbekiéh devint aussi déserte qu'elle avait été remplie promptement quelques minutes auparavant. On remarqua un bey qui, les bras nus et monté sur la mardelle d'une citerne, pérorait vainement cette troupe effrayée; mais, laissé seul, il reçut bientôt la mort qu'il avait bravée avec tant de courage.

Les Français profitèrent de ce moment de relâche pour élever promptement des retranchements devant la maison, et ils établirent une batterie de canons avec des palmiers qu'ils abattirent dans le jardin. Dès lors Nassyf-pacha eut la douleur de voir que deux cents Français suffisaient pour neutraliser tous les efforts de dix mille hommes de troupes régulièrement armées, et d'une population entraînée par tous les sentiments de la haine et de la fureur.

Ces deux cents hommes, commandés par

l'adjudant général Duranteau, s'acquirent une grande gloire pendant deux jours qu'ils restèrent ainsi abandonnés à eux-mêmes. Ils ne recevaient cependant aucune nouvelle de l'armée, et ils devaient finir par ajouter foi à ce que les Turcs leur annonçaient de sa destruction, puisqu'elle n'avait pu défendre la capitale après la bataille; mais, d'un autre côté, ils ne pouvaient espérer aucune espèce de traité ni d'accommodement avec des hommes qui avaient signalé leur entrée dans le Kaire par un massacre aussi horrible; ils n'avaient donc qu'à vendre chèrement leur vie: car ils pensaient bien que, s'ils n'étaient pas secourus, ils finiraient par succomber dans une lutte aussi inégale.

Arrivée des secours, et siége régulier du Kaire.

Ils étaient dans cette anxiété désespérante, lorsqu'enfin le 30 ventose après midi ils virent paraître la colonne du général Lagrange, que le général en chef leur avait envoyée d'el-Hanka. A peine avait-elle été signalée dans la ville, que Nassyf-pacha envoya un corps de quatre mille hommes de cavalerie pour s'opposer à sa réunion avec le quartier-général; mais une vive fusillade et quelques coups de canon leur apprirent bientôt que partout leurs efforts seraient impuissants, et le général Lagrange rejoignit les deux cents braves dont il doubla le courage en leur apprenant la défaite de l'armée turque. Les Français, enthousiasmés, ne voulurent plus se borner à la défense dans la maison du général en chef; et, après avoir rendu ce poste inattaquable, ils espérèrent, à leur tour, pouvoir prendre l'offensive: mais l'entreprise était difficile. La place était entourée de maisons devenues pour les Turcs autant de forteresses, d'où ils faisaient un feu meurtrier, et l'instruction précise du général en chef était de ne rien entreprendre qui pût compromettre la vie du soldat avant son arrivée. La droite et la gauche du quartier-général étaient liées à des maisons par lesquelles l'ennemi tâchait de pénétrer. Le général Friant, qui avait été envoyé de Belbeïs, et qui arriva peu après le général Lagrange, conçut le projet d'isoler de toutes parts le quartier-général, et, en conséquence, il fit mettre le feu aux maisons qui l'approchaient des deux côtés.

Les Turcs, étonnés et furieux de cette résistance, y opposèrent une tenace activité dont la religion seule pouvait rendre ces hommes capables. Ce qu'on n'avait jamais fait au Kaire, les habitants le firent dans cette circonstance; ils fabriquèrent de la poudre, forgèrent des boulets avec les fers des mosquées et les outils des artisans : enfin, le croirait-on? ils finirent par fondre du canon et des mortiers.

La place Esbekiéh était partagée diagonalement par deux lignes de retranchements : l'une, du côté du quartier-général, était tenue par les Français, et l'autre par les Turcs.

Retour de Kléber au Kaire.

Les choses étaient dans cet état lorsque Kléber arriva, comme je l'ai dit, le 6 germinal (27 mars). Après avoir reconnu la position de l'ennemi, il vit qu'il avait à faire un siége, peut-être difficile, et que, s'il le brusquait, il perdrait beaucoup de soldats, dont il voulait pardessus tout ménager la vie. Les fautes commises à Acre étaient présentes à sa pensée. Il pouvait employer deux moyens pour reprendre le Kaire, la force ou le temps. Il devait et il voulait ménager le premier, mais il était libre de prodiguer le second. Il se détermina à faire usage des deux, et il prit tout le temps nécessaire pour combiner avec sagesse et prudence l'emploi de toutes ses ressources militaires; il se contenta de cerner la ville, afin de lui ôter toute communication avec l'extérieur. Il chercha ensuite à établir des correspondances dans l'intérieur, pour faire connaître avec certitude la défaite du Visir, que les habitants s'obstinaient à ne pas croire. Comme il avait toujours auprès de lui Mustapha-pacha, il ordonna à cet officier turc de leur affirmer lui-même cette nouvelle.

Première capitulation des Turcs, qu'ils ne tiennent pas.

Nassyf-pacha, Osman-effendi et Ibrahim-bey, reconnaissant alors qu'ils n'avaient effectivement plus de secours à espérer, demandèrent à capituler; et Kléber, s'empressant de leur accorder toutes les propositions qu'ils lui firent, le traité fut signé. Mais la nouvelle n'en fut pas plutôt répandue dans la ville, qu'elle jeta la plus grande consternation parmi les habitants qui avaient contribué le plus aux crimes dont le peuple s'était rendu coupable, et qui redoutaient à ce titre la vengeance des Français. Une nouvelle insurrection se manifesta dans l'intérieur; les larmes, les supplications, furent prodiguées aux chefs pour les conjurer de ne pas abandonner la ville. Ils cédèrent à ce cri universel et reprirent leurs postes; le traité fut annulé et les hostilités recommencèrent. Il répugnait à Kléber d'employer la force que la réunion de ses ressources militaires mettait enfin à sa disposition, il voulait ménager le soldat et la ville du Kaire; mais enfin, on le poussait à bout.

Traité avec Mourad-bey.

Mourad-bey, qui, après la bataille d'Héliopolis, s'était retiré à Toura sur la rive droite du Nil, à deux lieues au-dessus du Kaire, et qui avait refusé de faire cause commune avec

Ibrahim-bey, lorsque celui-ci était entré dans la ville, avait déjà renoué ses négociations avec le général Kléber, et le traité qui lui accordait le haut Saïd avec le titre de Prince gouverneur pour les Français fut conclu à cette époque. Mourad n'était pas ambitieux, et ce traité le satisfît : aussi, pour première preuve de sa bonne foi et de son zèle, il voulut aider Kléber de toute son influence pour la soumission du Kaire. Voyant qu'elle n'avait pas tout le succès qu'il en attendait, il proposa d'incendier cette capitale, et il fit même rassembler les combustibles nécessaires ; mais Kléber persista à continuer l'emploi de moyens plus doux. Mourad chargea ensuite l'un de ses beys de se porter contre Dervich-pacha, qui occupait encore la haute Egypte. Il voulait présenter à Kléber la tête de ce général turc ; mais Kléber exigea qu'il se contentât de le chasser d'Egypte.

Reprise de Damiette et de plusieurs villes du Delta.

La puissance des Français était déjà rétablie sur tous les points. Douze mille hommes des débris de l'armée turque s'étaient jetés et réunis à Damiette. Le général Belliard, avec douze cents hommes seulement, avait marché sur eux. Il les attaqua près le village de Chouara, en avant de Damiette, les battit, leur prit dix pièces de canon, et les dispersa complètement. Damiette et Lesbeh furent repris. Méhallé-el-Kebir, Semmenoud et Tahta, villes qui étaient le centre des insurrections du Delta, reçurent aisément la loi du vainqueur.

Il ne restait plus que le Kaire et Boulac : il fallut enfin se résoudre à commencer des attaques sérieuses, car le retard de la reprise de ces villes devenait dangereux pour l'opinion. Des combats partiels, où le soldat développait individuellement la plus grande énergie et un courage à toute épreuve, ne tendaient qu'à affaiblir l'armée, sans lui donner des avantages marquants. Ces combats, ainsi que le feu continuel des forts et de la citadelle, consumaient les munitions. Les habitants s'en apperçurent, et déjà ils croyaient avoir réduit les Français à un état d'affaiblissement qui allait les mettre à leur discrétion. Du haut des minarets, les Imans faisaient soutenir, par des prières et par des chants, le courage du peuple. Il était temps enfin de porter un coup décisif.

Le général de division Reynier était accouru de Belbeïs. Le général Belliard arriva le 23 germinal (13 avril), après son expédition de Damiette, et un convoi de munitions venu de Rozette mettait Kléber en mesure de porter ce coup avec assurance.

Siége et saccagement de Boulac.

Boulac avait jusque-là attiré peu son attention, quoique cette ville ne cessât tous les jours de provoquer son animadversion par les insultes les plus graves. Le 24 germinal (14 avril) il la fit sommer de se rendre, et lui promit le pardon. Les habitants répondirent qu'ils étaient déterminés à suivre le sort du Kaire, et que si on les attaquait, ils se défendraient jusqu'à la mort. Il n'y avait donc plus à balancer, il fallait adopter un parti violent, et ce fut celui de les punir sévèrement, afin que leur exemple pût intimider ceux du Kaire, et hâter la reddition de cette capitale.

Le 25 germinal (15 avril), le général Friant fut chargé de cerner Boulac; mais il essaya encore si un bombardement pourrait déterminer cette ville à demander une capitulation et à éviter les malheurs qui la menaçaient. Rien ne fut capable d'arrêter le feu des Osmanlys qui s'y étaient enfermés, et qui excitaient les habitants à se défendre. Voyant cette opiniâtreté, on ordonna à l'artillerie de commencer son feu, et bientôt elle pratiqua plusieurs brèches, au travers desquelles le soldat se présenta au pas de charge, sur les retranchements intérieurs, qui furent tous emportés. Les Turcs se retirèrent dans les maisons, qui devinrent de nouveaux retranchements, où ils se défendirent avec plus d'acharnement encore, mais qui furent plus dangereux pour eux. Le soldat y mit le feu, et l'incendie se propagea avec une effrayante rapidité. Le général fit offrir un nouveau pardon, qui fut encore rejeté.

Alors le soldat ne connut plus de frein, les officiers l'abandonnèrent à sa fureur, et le sang coula de toutes parts avec abondance. On n'entendait que des cris de désespoir et de mort; la ville, en un instant, ne présenta plus qu'un monceau de ruines. Les rues étaient barrées par de longues files de maisons écroulées, sous lesquelles la population était ensevelie. Ceux qui purent échapper à cet horrible massacre vinrent enfin implorer la clémence du vainqueur, qui donna l'ordre de cesser le carnage; et le silence de la mort succéda pour longtemps à l'activité de cette industrieuse et populeuse cité (1).

---

(1) Le souvenir de cette affreuse journée restera toute ma vie gravée dans ma mémoire. J'étais à Giseh au moment de l'attaque. L'intérêt que nous mettions tous à la prise de cette ville excita ma curiosité, et ne doutant nullement de la réussite, je traversai le Nil pour être témoin des opérations du siége. Déjà, depuis plusieurs heures, le soldat avait pénétré; je concevais l'espoir de sauver quelque malheureux et de l'arracher à la mort, lorsqu'entrant dans une rue je vis un homme défendant l'entrée

Dispositions pour prendre le Kaire de vive force.

Il fallait profiter de la consternation que la prise de Boulac jeta dans le Kaire pour attaquer l'ennemi, et les dispositions furent prises pour le lendemain 26 germinal (16 avril); mais un incident imprévu en retarda l'exécution. Une pluie fine et abondante, qui commença le matin et qui ne finit que le lendemain 27 au soir, rendit tout mouvement impossible. Cet événement, si commun en Europe, est en Egypte un phénomène extraordinaire qui change nécessairement tous les projets, toutes les dispositions; rien n'est prévu pour garantir des inconvénients de l'humidité, et, au contraire, tout étant calculé pour une atmosphère et un sol constamment secs, on courait risque de voir ses projets avortés, si on s'obstinait à les exécuter dans un moment pluvieux. D'ailleurs il s'agissait, dans l'attaque qu'on avait en vue,

---

de sa maison qui venait d'être forcée. Un soldat furieux lui enfonce sa baïonnette dans le bas-ventre, le malheureux tombe. Dans le même instant, on entend battre le rappel, tout est fini; l'heure de la vengeance est passée; le Français n'a plus de haine, le tambour a calmé sa fureur; il relève sa victime, ranime ses sens avec de l'eau-de-vie qu'il tire de sa calebasse; arrête le sang, bande la plaie, et porte lui-même son blessé à l'ambulance.... Quel mélange d'horreur et de sentiment! O guerre, peux-tu dénaturer l'homme à ce point!

de mettre le feu à plusieurs maisons, et la pluie eût certainement arrêté l'effet de cet incendie.

Enfin, le 28 germinal (18 avril) au soir, l'attaque commença.

Assaut du 28 germinal an VIII.

J'ai déjà dit que les Turcs occupaient sur la place Esbekiéh toutes les maisons qui faisaient face au quartier-général, c'est-à-dire les deux côtés est et sud de la place qui tenaient à la ville. Leur gauche était appuyée à la maison de Setti-Fatmé, d'où partaient toutes leurs attaques sur le quartier-général, comme en étant la plus rapprochée. On se proposa de détruire cette maison; mais, pour l'attaquer de front, il eût fallu perdre beaucoup de monde aux retranchements dont elle était couverte : on résolut de la miner. Les travaux nécessaires pour cette opération avaient été préparés plusieurs jours à l'avance, et l'explosion qu'elle devait produire fut le signal donné pour rendre l'attaque générale sur toute la ligne. L'effet fut tel qu'on l'avait désiré, la maison fut engloutie, tous les Turcs et Mamlouks qui se trouvaient dedans périrent.

Dans le même moment, le général Reynier pénétra dans la ville avec sa division par la porte dite *Bab-El-Charieh*, et attaqua vigoureusement la droite des Turcs, pendant que le général Belliard attaquait le centre en entrant par le Mousky, et que les généraux Friant et Donzelot forçaient leur gauche par la rue qui bordait la maison minée de Setti-Fatmé. On combattit vaillamment des deux côtés pendant toute la nuit; mais les Turcs perdirent toutes leurs positions; Nassyf-pacha lui-même, et Hassan-bey-El-Djeddaoui, rencontrés au débouché d'une rue, n'échappèrent qu'en abandonnant leurs chevaux, et en se jetant dans les maisons voisines.

Effrayés d'une attaque aussi vigoureuse, les Turcs reconnaissant enfin que leur résistance était vaine et qu'elle aggravait leur position, redemandèrent à traiter, et ce fut Mourad qui leur en facilita les moyens; il avait envoyé depuis quelques jours auprès d'eux Osman-bey-el-Bardissy pour les engager à capituler et pour leur offrir sa médiation; mais aveuglés sur leur situation, et surtout sur celle du Visir, ils faisaient des propositions qui ne tendaient qu'à éloigner toute conciliation. Cependant lorsque, du haut des terrasses et des minarets, ils virent l'état déplorable de la ville de Boulac, et qu'ils reconnurent à la violence de l'attaque du 28, que les Français feraient subir le même sort à la ville du Kaire, si elle persistait dans sa défense, ils envoyèrent le 30 germinal (20

Les Mamlouks demandent à capituler.

avril) une capitulation plus modérée, en demandant une suspension d'hostilités. L'armistice ne leur fut pas accordé, mais le général en chef modifia leur capitulation, et leur fit connaître son ultimatum par le même parlementaire. Le 1er floréal (21 avril), Osman-aga se présenta de nouveau avec les articles consentis par Kléber, et signés par Nassyf-pacha et par Ibrahim-bey : aussitôt les Français prirent des positions telles que les Turcs fussent dans l'impossibilité de rompre une seconde fois leurs engagements sans perdre leurs avantages. Des otages furent livrés : mais suivant leur usage barbare, les Turcs ne purent respecter les otages français, qui coururent les plus grand dangers; il fallut toute la fermeté du bey Mohammad-el-Elfi pour leur sauver la vie et les garantir des fureurs de la populace.

La ville est évacuée.

Enfin la ville fut totalement évacuée le 5 floréal (25 avril), et le général Reynier escorta les Turcs avec sa division jusqu'à l'entrée du désert près Salehiéh, ainsi qu'il avait été stipulé. Ne jugeant les Français que d'après eux-mêmes, les Turcs, et surtout Nassyf-pacha qui avait à se reprocher les crimes qu'il avait commis à son entrée au Kaire, craignaient la vengeance du soldat dans la route, et ils furent tout étonnés de voir que ce soldat, loin d'avoir aucune haine contre eux, prévenait au contraire leurs besoins avec une générosité qu'ils ne pouvaient concevoir.

Reprise de Suez.

Kléber n'ignorait pas que pendant les négociations d'El-Arisch, le commodore Sydney-Smith avait établi des communications avec les forces anglaises dans la mer Rouge, et que pour prix de ses services l'Angleterre convoitait le port de Suez. Il savait même que dès les premiers jours de germinal (fin de mars), c'est-à-dire au moment où les Français devaient avoir évacué le Kaire, les Anglais y avaient débarqué cinq cents hommes commandés par le lieutenant-colonel Murray, et environ huit cents Mekains, ou habitants d'Yambo. Le général en chef immédiatement après la prise de Boulac, prévoyant qu'il n'aurait bientôt plus de Turcs à combattre, envoya, le 29 germinal (19 avril), un détachement pour reprendre Suez.

Le Grand-Visir avait expédié de Gazah un parti de Mamlouks et d'Arabes conduits par le bey Osman-Hassan, pour déterminer les Anglais à se porter sur le Kaire au secours de ceux qui défendaient cette ville. Ce parti ayant été rencontré et battu près le fort dit Kala-el-Adjeroud, par le détachement qu'avait envoyé Kléber, quelques fuyards arrivèrent

à

à Suez où ils prévinrent M. Murray de l'arrivée des Français. Le moment était favorable pour signaler sa valeur ; mais cet Anglais jugeant qu'il ne devait pas s'écarter de sa mission, qui était seulement de prendre Suez, et de le garder malgré les Turcs, regagna promptement son vaisseau avec ses troupes. Cependant on ne peut lui reprocher de n'avoir pas mis quelques entraves au rétablissement des Français; car, dans la vue de détruire les ressources que les négociants auraient pu leur fournir, il mit le feu à tous les bâtiments de commerce qui se trouvaient dans le port.

Dispositions et projets de Kléber après la reprise du Kaire.

L'Egypte entière était donc soumise dans les premiers jours de floréal, et cette nouvelle conquête bien plus sure, plus juste même que la première, puisqu'elle n'avait été provoquée que par l'intérêt de sa propre défense, fut célébrée le 7 floréal (27 avril), par une entrée triomphante dans le Kaire au bruit de toute l'artillerie de l'armée et des forts. Rien ne troubla la joie qui se manisfesta dans cette fête militaire, aucun regret, aucune inquiétude sur l'avenir. La mauvaise foi des Anglais venait de donner tous les caractères de la légitimité à ce que la première invasion avait présenté d'odieux. L'Europe entière allait être convaincue qu'il n'avait pas tenu à l'armée française que ce pays ne fût rentré sous son ancienne domination, et dès-lors on n'aurait pu sans injustice faire un nouveau crime à cette armée de s'y être maintenue. Sa nouvelle possession lui était acquise par les droits les plus sacrés, et chacun désormais sentit ses forces s'accroître, en voyant la justice de son côté. Le chef n'était pas un vainqueur insolent et ambitieux, qui ne connaît d'autres droits que ceux de la violence; mais un guerrier loyal qui, malgré le sentiment de ses forces, avait fait à la justice le sacrifice de sa gloire, et qui, pour détruire les combinaisons de la politique la plus atroce, et dans le seul but de se défendre, s'était vu contraint de rester maître d'un champ de bataille qu'il avait offert de rendre quelques jours auparavant.

Tels furent les sentiments qui vinrent consoler Kléber de n'avoir pu rendre à leur patrie des hommes pleins d'honneur et de bravoure, et il eut le plaisir de les voir partager par l'armée tout entière, et bien plus par les Egyptiens eux-mêmes.

En effet, ceux-ci étaient tout étonnés de voir un grand-visir battu et chassé. Ce personnage étant pour eux la limite de toute puissance humaine, ils durent croire que Dieu avait, par des événements aussi extraordinaires, donné les témoignages les plus éclatants de sa volonté; que l'Egypte étant ainsi acquise aux Français, rien ne pouvait désormais s'opposer à l'exécution de leurs desseins, et que participer enfin à un acte qui tendrait à les troubler dans leur libre possession serait aller ouvertement contre les décrets de la providence, et ils se soumettaient avec résignation. L'ordre et la tranquillité furent donc rétablis partout, sans secousses ni violences. Kléber prit la ferme résolution de se fixer dans le pays d'une manière stable, et de mettre dorénavant toutes ses opérations en rapport avec l'intérêt du gouvernement français.

Un motif puissant le déterminait encore à prendre cette résolution: il connaissait, et avait jugé le caractère de l'homme qui venait d'usurper la souveraineté en France; sa manière de voir était trop en opposition avec la sienne pour espérer que jamais il pût rendre à sa patrie les services qu'elle était en droit d'attendre de ses talents. Il ne pouvait se résoudre à servir un autre intérêt que celui de la patrie. Ami intime de Moreau, il eût, n'en doutons point, partagé sa proscription; son nom eût été inscrit avec le sien sur cette liste qu'un gouverneur de Paris publia quelques années après dans un ordre du jour, sous le titre de *liste de brigands*.

Kléber pressentit tous ces malheurs, et reconnaissant qu'il serait plus utile en Egypte que partout ailleurs, il prit, de concert avec ses amis et les principaux chefs de l'armée, le parti d'y rester.

Son projet était de substituer, comme en Europe, le système de propriétés territoriales à celui de concessions temporaires en usage dans l'empire ottoman, et d'en investir tous les individus de l'armée, chacun en raison de son grade, et des services qu'il avait rendus. C'était le vrai moyen d'attacher l'armée à sa conquête, et de la récompenser de ses travaux; mais la mort ne lui laissa pas le temps de mûrir et d'exécuter ce beau projet.

Conférence avec Mourad-bey.

Mourad, encore dans son camp à Toura, n'avait pas voulu partir pour son gouvernement de la haute Egypte sans donner à Kléber une assurance de la haute estime qu'il avait conçue pour lui, et il manifesta le désir de la lui témoigner de vive voix dans une conférence qu'il sollicita. Ce désir s'accordait avec celui de Kléber. Mourad possédait des vertus militaires que les Français avaient su apprécier, et leur général voulut saisir cette occasion pour faire connaître ses sentiments à ce chef des Mamlouks. La conférence eut lieu le 10 floréal (30 avril), sous une tente dans l'île nommée Guéziret-El-Terseh, au-dessus de Gizeh. Ces deux chefs se donnèrent dans cette occasion les gages de l'union la plus franche, et après avoir arrêté ensemble les mesures convenables à leur défense et à leur sûreté respective, Mourad jura à Kléber une fidélité à toute épreuve, qu'il n'a pas démentie jusqu'à sa mort, malgré tous les efforts que l'on fit plus tard pour l'en faire dévier. Kléber lui promit à son tour, qu'après les intérêts de l'armée française, il n'en aurait jamais de plus chers que les siens.

Contributions extraordinaires pour remettre l'armée au courant.

C'était beaucoup d'avoir assuré la tranquillité de cette armée; mais il fallait encore pourvoir à ses besoins, et ils étaient préssants. On a vu que la dette arriérée était de plus de onze millions au moment ou Kléber avait pris le commandement, et depuis cette époque on avait à peine fourni aux dépenses courantes. La circonstance était favorable pour combler le déficit, et pour faire les améliorations que Kléber avait projetées pour le bien-être du soldat. Les révoltes du Kaire, de Boulac, de Damiette, et des villes de l'intérieur du Delta ne pouvaient rester impunies; cet exemple eût été dangereux : il fallait que les villes qui n'avaient pris aucune part aux insurrections eussent à se féliciter de leur conduite en cette circonstance, et s'attachassent à la cause des Français. Les vaincus s'attendaient à tout, et ils étaient disposés à tenir compte au vainqueur de tout le mal qu'il n'aurait pas fait. Kléber n'abusa point de cette heureuse disposition ; il convoqua chez lui les membres du divan ainsi que les chefs des principales corporations de la ville, et après avoir fait en peu de mots la comparaison du caractère de franchise et de loyauté que les Français avaient apporté dans toute leur conduite, avec la duplicité et la mauvaise foi des Anglais et des Turcs, il fit sentir aux habitants le tort grave qu'ils avaient eu d'épouser encore la cause de ces derniers, après la défaite du Grand-Visir. « D'après les lois de » la guerre, ajouta-t-il, votre vie et vos biens » appartenaient aux braves que je commande, » et j'avais le droit de les leur abandonner : » touché et de votre aveuglement, et du sort » de ceux qui étaient entraînés malgré eux » dans tous les malheurs dont ils allaient être » les victimes, j'ai pardonné; mais l'armée a » des besoins, et il faut les satisfaire : vous ne » lui donnerez qu'une faible partie de ce qu'elle » était en droit d'exiger. » Après ce discours, il leur déclara qu'il avait ordonné que la ville du Kaire paierait une contribution extraordinaire de douze millions, dont moitié en argent et moitié en objets utiles à l'équipement et habillement des soldats; que les autres villes paieraient une contribution semblable et proportionnée à la richesse et à la population. Il leur déclara aussi qu'il ne voulait se mêler en aucune manière de la répartition de ces contributions, dont les chefs de corporations restèrent chargés et responsables individuellement. Cette décision, qui assurait à l'Egypte entière sa tranquillité, fut reçue par les habitants avec reconnaissance, et la contribution fut payée sans peine.

Ensuite Kléber donna tous ses soins au recouvrement des contributions ordinaires, afin de ne plus se trouver dans l'embarras que lui avait fait éprouver la pénurie dans laquelle son prédécesseur l'avait laissé, et il trouva dans ce travail toutes les facilités que peut espérer un gouvernement qui commande la confiance. La position de l'armée était tout autre: plus d'expéditions pour réprimer des insurrections ou accélérer les paiemens des contributions. Un cophte arrivait seul dans un village, intimait les ordres au nom des Français, et était obéi plus ponctuellement qu'un colonel ne l'eût été quelques mois avant, à la tête de son régiment.

Hors le danger des Arabes, un Français pouvait parcourir le pays sans inquiétude, et plusieurs négocians en empruntaient l'habit pour faire leurs voyages avec sûreté.

Formation d'une légion de Cophtes.

En politique habile, Kléber profita de ces dispositions des habitants pour leur faire sentir que leur intérêt était de coopérer avec les Français à la défense commune contre les Arabes errants, et contre toute invasion étrangère, si jamais on en tentait une nouvelle. Les Cophtes, particulièrement, avaient un intérêt plus direct à cette défense. En leur qualité de chrétiens, ils avaient été pillés et massacrés par les Turcs, et ils devaient craindre leur retour. On les détermina aisément à former un bataillon de cinq cents hommes, qui fut habillé et équipé à la française. A leur tête était un des principaux chefs de la nation, nommé Ma'allem Yacoub, qui avait déjà fait toute la campagne de la haute Egypte avec le général Desaix. La formation de ce corps avait le double but d'augmenter les forces de l'armée, et de développer parmi les habitants le goût du service militaire pour leur faire remplir les cadres des corps.

Déjà une légion d'étrangers s'était formée sous Bonaparte, et l'armée entière donnait des éloges à leur fidélité et à leur courage. Le grec Nicole Papas Oglou, qui avait servi les

Mamlouks jusqu'après la bataille des Pyramides, s'était dévoué aux Français depuis cette époque. Il enrôla tous ses compatriotes, et cette légion fut portée à quinze cents hommes, en y comprenant quelques Mogrebins et Turcs déserteurs.

Au retour de Syrie, des paysans qui avaient servi les Français, et qui ne pouvaient plus rester avec sécurité dans leur patrie, suivirent l'armée dans sa retraite en Egypte, et furent organisés en cavalerie avec quelques Mamlouks qui avaient abandonné leurs beys. On mit à leur tête ce Barthelemy qui s'était renfermé avec les Français dans la maison de la femme d'Ibrahim-bey pendant la bataille des Pyramides. C'est cette même compagnie de Mamlouks qui est venue avec l'armée lors de son retour en France, et que le premier consul avait placée dans sa garde.

Recrutement de noirs.

Les caravanes d'Ethiopie amenaient beaucoup d'esclaves noirs; Kléber en fit acheter une grande quantité, et en peu de temps la 21e demi-brigade fut complettée par cette classe d'hommes qui, étrangers à tous les préjugés des Musulmans, contractèrent bientôt les habitudes et la bravoure du soldat français, dont ils étaient tout étonnés de se trouver les compagnons, lorsqu'ils ne se croyaient que leurs esclaves. Ce corps fut un de ceux qui se distinguèrent le plus dans la suite par la bravoure des noirs.

L'administration de l'armée reçut aussi des améliorations importantes. On avait éprouvé jusque-là les plus grandes difficultés pour les transports. Obligé de recourir aux Arabes, qui seuls ont à leur disposition une assez grande quantité de chameaux, et souvent trompé à cet égard par le peu de fidélité que mettaient les tribus dans l'exécution de leurs traités avec les Français, Kléber fit établir un parc de cinq cents chameaux toujours disponibles, qu'il distribua aux différens services, pour être réunis au premier besoin.

Il arrêta ensuite avec les chefs de l'artillerie et du génie les plans de défense pour la côte et les principales villes.

Le général Menou nommé commandant de la place du Kaire.

J'ai déjà dit que le général Menou, qui ne connaissait encore de l'Egypte que les harems de Rozette, était toujours resté dans cette ville, d'où, depuis l'élévation de Bonaparte au consulat, il s'était permis les réflexions les plus inconvenantes sur le caractère et sur les actes de Kléber. Ces réflexions ne tendaient à rien moins qu'à semer le trouble et la division parmi les Français. Quelque temps après le départ de Bonaparte, Kléber avait voulu employer Menou aux négociations avec les Turcs, ou aux opérations de l'armée. Celui-ci protestait sans cesse de son dévouement, annonçait son départ, et restait toujours. Enfin il arriva au Kaire, à la fin de floréal, lorsqu'il n'y avait plus d'ennemis à combattre, et que la tranquillité était complettement rétablie. Kléber lui donna malheureusement le commandement de cette capitale.

Apparition du capitan-pacha devant Alexandrie.

Dans les premiers jours de prairial (fin de mai), le capitan-pacha vint croiser avec sa flotte à la vue d'Alexandrie. Kléber, instruit de cette apparition, et pensant que ce chef de la marine turque avait pu recueillir quelques restes de l'armée du Visir pour les jeter sur les côtes d'Egypte, donna aussitôt les ordres aux divers généraux de diriger leurs troupes sur Rahmaniéh; il partit lui-même du Kaire le 14 prairial (3 juin) pour se rendre sur ce point; mais y ayant appris que le capitan-pacha avait tenté seulement de renouer des négociations, il retourna dans la capitale sans vouloir communiquer avec lui.

Lettre du sieur Morier à Kléber.

Ce fut dans ce moment qu'il reçut une lettre d'un Anglais nommé Morier, secrétaire du lord Elgin, ambassadeur d'Angleterre auprès de la Porte ottomane.

Cette lettre était ainsi conçue :

Du quartier-général de Son Altesse le Grand-Visir.

A Jaffa, le 2 Juin 1800.

MONSIEUR,

J'ai l'honneur de vous communiquer que S. M. Britannique, en donnant des ordres à ses flottes d'accorder le passage libre en France aux troupes françaises qui se trouvent en Egypte, les a fait accompagner de passeports de son ambassadeur extraordinaire et plénipotentiaire près la sublime Porte.

Les obstacles que vous avez toujours cités comme empêchant de votre côté l'exécution de la convention d'El-Arisch n'existeront donc plus aussitôt que vous et votre armée voudront évacuer l'Egypte.

J'ai l'honneur d'être avec respect,

Monsieur,

Votre très-humble et très-obéissant serviteur,

J. P. MORIER.

Ainsi donc il n'avait pas fallu moins que les résultats de la bataille d'Héliopolis pour que les Anglais voulussent bien consentir à l'exécution du traité d'El-Arisch, et accorder, suivant leur expression, le passage à l'armée pour son retour en France; il n'avait pas fallu moins que l'anéantissement de l'armée turque pour prouver aux Anglais qu'il n'était pas si facile qu'ils l'avaient cru de déshonorer une armée française. Et par quelle voie daignaient-ils faire connaître leur volonté suprême? par celle d'un homme sans caractère public, d'un homme qui eût dû rougir devant un Français du rôle qu'il avait joué dans cette affaire.

Cet homme, d'après son propre aveu, n'occupait qu'un poste subalterne dans la diplomatie lorsqu'il arriva auprès de lord Elgin, ambassadeur à Constantinople, à la fin de 1799. Le noble lord l'envoya quelque temps après au camp du Grand-Visir, à Jaffa, pour le représenter auprès de ce chef des Turcs, et lui rendre un compte exact des armées alors en présence. Il était chargé en même temps de communiquer au commodore Sydney-Smith l'arrière pensée des ministres sur le sort qu'ils destinaient à l'armée française, et de concerter avec lui l'exécution de cette insigne lâcheté, que lui, M. Morier, appelait innocemment une ruse de guerre. Le brave et loyal Smith fut révolté de cette proposition, et refusa d'y participer. Le petit diplomate anglais se vit donc, à son grand regret, obligé de se renfermer dans son rôle d'historiographe des opérations des armées; mais celui de plénipotentiaire de l'ambassadeur auprès du Grand-Visir le flattait davantage. Il s'attacha donc à lui, et ne le quitta pas d'un instant, lorsqu'après le traité d'El-Arisch, Youçef-pacha traversa le désert pour venir sur le Kaire. A entendre M. Morier, le Visir ne pouvait pas se passer de lui, et ne faisait rien sans le consulter. Mais le jour de la bataille d'Héliopolis, cet Anglais, jugeant vraisemblablement que ses conseils n'étaient plus de saison, s'enfuit avec précipitation à Damiette pour monter sur un bâtiment. Malheureusement les suites de cette bataille bouleversèrent tellement les facultés mnémoniques de M. Morier, qu'il oublia à Damiette un portefeuille dans lequel se trouva un journal de voyage, qui donnait une explication satisfaisante, quoique peu honorable, de sa mission et du projet de ruse de guerre dont il était chargé de préparer l'exécution. Ce portefeuille, trouvé par les Français, fut porté au général Kléber, qui y prit et copia littéralement la note suivante, pour servir de réponse à la lettre de M. Morier.

« He Thought (sir Sydney-Smith) that the safety of the turkish empire, depended upon the strict observance of the convention, and that the putting in execution the plan of a *ruse de guere* would throw things back to their primitive state.

» J observed to that, that i supposed that plan had been proposed in the idea that the french had not been sincere in their overtures, the safety of the turkish empire requiring some vigorous measure, of that nature to rid Egypt of its invaders. »

Cette note peut être traduite ainsi : « Il pensait (sir Sydney-Smith) que la sûreté de l'empire turc dépendait de l'observation stricte de la convention, et que l'exécution du plan d'une *ruse de guerre* rejetterait les choses dans leur état primitif. »

J'observai à cela, que je supposais que ce plan avait été proposé dans l'idée que les Français n'avaient pas été sincères dans leurs premières ouvertures, la sûreté de l'empire turc exigeant quelque mesure vigoureuse de cette nature pour délivrer l'Egypte de ses envahisseurs.

Kléber ajouta seulement à cette note anglaise les mots suivants.

La note ci-dessus est extraite d'un cahier portatif d'environ six pouces de hauteur, quatre pouces de largeur et quatre lignes d'épaisseur, recouvert de maroquin rouge, et trouvé à Damiette parmi les équipages d'un Anglais nommé *Morier*, se qualifiant, d'après plusieurs lettres qui lui ont été adressées, et qui ont pareillement été trouvées, écuyer secrétaire de son excellence l'ambassadeur Elgin, et résident britannique au camp ottoman.

Assassinat du général Kléber.

Il allait envoyer cette réponse à M. Morier, lorsqu'un jeune fanatique, un assassin, vint trancher le cours d'une si belle vie, plonger les Français dans le deuil et les larmes, et préparer, par ce coup affreux, le grand résultat de l'évacuation de l'Egypte, que les Turcs ni les Anglais n'auraient jamais pensé à arracher des mains d'un général tel que Kléber, mais qu'ils crurent pouvoir enlever aisément à son successeur.

Kléber faisait réparer par M. Protain, architecte, membre de la commission des arts, le palais du gouvernement qui avait été si fortement endommagé par l'artillerie des Turcs lors de l'insurrection du Kaire; et pendant le temps que ces réparations se faisaient, il s'était retiré à Gizeh, où il habitait le palais de Mourad-bey, situé sur le bord du fleuve.

Il avait dit au général Damas, chef de l'état-major-général, qui occupait au Kaire une maison attenante au quartier-général, qu'il irait le 25 prairial (14 juin) lui demander à déjeuner. En effet, ce même jour, après avoir passé le matin la revue de la légion grecque dans l'île de Raoudah, il se rendit au Kaire, et alla d'abord voir sa maison. Il en parcourut et visita

sita tous les détails avec M. Protain, et amena cet architecte pour déjeûner chez le général Damas, qui avait réuni plusieurs officiers. Jamais repas ne fut aussi agréable. Kléber, au milieu des premiers généraux de l'armée, tous ses amis, y fut de la gaieté la plus aimable. La vue de ses soldats heureux était pour lui une source inépuisable de jouissances, l'ennuyeuse et froide politique était sévèrement bannie des réunions intimes qu'il présidait. On s'y dédommageait, par les finesses de l'esprit, de la privation de ce sexe charmant qui, aux yeux des Français, eût fait de l'Egypte le vrai paradis de Mahomet (1).

Le déjeuner se prolongeait; il semblait qu'on ne pouvait terminer ce repas, ni quitter cet aimable chef qui, dans ce dernier moment, était l'égal de tous, et qu'on allait, dans quelques minutes, perdre pour toujours. Il était près de deux heures lorsqu'il se leva, prit Protain seul avec lui, et l'engagea à retourner voir les travaux. Il voulut que l'on continuât à te-

(1) Kléber, à un esprit très-délicat, joignait le talent du dessin. Le général Damas avait été architecte, et ils faisaient l'un et l'autre des caricatures très-plaisantes qu'ils montraient à leurs amis. Bonaparte chassant le Directoire exécutif de France avait été l'objet d'une de ces caricatures, qui, ce jour-là, fit l'amusement des convives.

nir table, assurant qu'il allait revenir prendre le café. Il sortit, et la gaieté continua.

Une longue terrasse couverte, donnant sur la place Esbekiéh, liait la maison du général Damas avec celle du quartier-général. Kléber et Protain suivaient tranquillement cette terrasse; leur marche était celle de deux hommes qui, tout entiers à leur conversation, s'avancent lentement, et s'arrêtent souvent. Dans un de ces moments de station, un homme caché dans une citerne à l'extrémité de la terrasse en sortit, et, arrivant jusqu'aux deux Français, sans en être apperçu, porta au général Kléber un coup de poignard dans l'aîne gauche, qui le blessa à mort. A l'instant même qu'il se sentit frappé, le général s'appuya sur le parapet de la terrasse, et appercevant un soldat de la compagnie des guides qui passait dans la place, il n'eut que le temps de s'écrier : A moi, guide, je suis blessé, et il tomba baigné dans son sang. Pendant ce temps, Protain, étonné du mouvement qu'il vit faire au général vers le parapet, regarda autour, et apperçut un furieux, qui, l'œil hagard, venait déjà sur lui, avec le poignard levé. Protain n'avait qu'une légère canne à la main, il courut sur l'assassin, et lui asséna plusieurs coups sur la tête. Alors, il s'engagea entre eux un combat corps à corps, dans lequel l'architecte reçut six blessures qui le firent tomber sans connaissance et nageant dans son sang à côté du malheureux Kléber. Le meurtrier, croyant son adversaire mort, et ignorant si le coup qu'il avait porté au général était mortel, retourna sur sa victime, et lui donna encore trois coups de poignard. Malheureusement, le premier seul avait suffi, l'instrument était parvenu jusqu'à l'oreillette droite du cœur; les trois derniers coups, portés d'une main déjà mal assurée, n'étaient point dangereux. Il entendit bientôt du bruit du côté de la maison de l'état-major, et voyant les deux Français sans mouvement à ses pieds, il s'enfuit précipitamment dans les jardins.

Le guide, qui avait été appelé par le général en chef au moment de sa blessure, accourut en hâte à la maison de l'état-major, et entrant dans la salle de réunion, il jeta l'épouvante parmi les convives, en répétant ce qu'il venait d'entendre. Quelques-uns le traitèrent de fou, et ne voulurent pas le croire; mais la contenance effarée de ce soldat, son désespoir, et l'intérêt que chacun portait à cet événement, firent lever tout le monde, et on vola sur les traces du général. Quel spectacle affreux et déchirant se présenta aux yeux de ses malheureux compagnons, de ses amis! Tous se précipitèrent sur lui, on ouvrit ses vêtements, on le pressa, il ne pouvait plus parler; mais il respirait encore. Protain, quoique muet aussi, donnait des signes de vie plus certains. On les transporta dans la maison de l'état-major; mais à peine y fut-on arrivé, que Kléber rendit le dernier soupir.

O jour affreux, jour de deuil, comment peindre l'effroi, la consternation, et la douleur profonde que cette nouvelle fit éclater dans la ville du Kaire! Le premier sentiment du soldat fut celui du désespoir; le second, celui de la vengeance. Chacun courut aux armes; on ignorait d'où partait le coup, et mille soupçons se succédèrent sans fondement ni raison. Toutes les idées étaient bouleversées; cependant elles se fixaient en général sur le cheik El-Sahdat, qui avait été un des grands promoteurs de l'insurrection du Kaire, et qui, depuis quelques jours, avait été arrêté et puni pour avoir cherché à entraver la perception de la contribution de 12 millions. Ce cheik, ainsi que tous les habitants du Kaire, étaient innocents de ce crime; mais ils redoutaient la fureur du soldat qui, jusqu'à ce qu'on connût le véritable auteur de l'assassinat, pouvait les en rendre responsables. Ces malheureux osaient à peine sortir de leurs maisons, et ils étaient respectueux et humbles devant tous les Français qu'ils rencontraient dans les rues, et envers lesquels ils se croyaient coupables. Les cris de vengeance se faisaient entendre de toutes parts. Les officiers-généraux s'étaient rassemblés en conseil de guerre à l'état-major; la générale battait dans tous les quartiers de la ville, et on ne pouvait contenir le soldat qui voulait y mettre le feu. On voyait des patrouilles errer avec inquiétude, pour rechercher les indices de cet attentat. Des piquets de cavalerie, et surtout les Mamlouks, à la tête desquels s'était mis Hussein-Kachef, représentant de Mourad auprès de Kléber, connaissant toutes les localités, avaient cerné la maison et le jardin du quartier-général, ne laissant aucune issue sans la visiter avec soin.

Protain, revenu à lui par les secours qui lui avaient été prodigués, avait déclaré que l'assassin était un Musulman couvert de haillons. Dès-lors, tous les ouvriers qui travaillaient au quartier-général furent arrêtés, et la compagnie des guides fut chargée de parcourir toutes les retraites cachées de la maison et du jardin.

L'assassin est saisi.

Ses interrogatoires.

On flottait ainsi depuis deux heures dans l'indécision la plus désolante, lorsque tout à coup l'on vit arriver dans la salle du conseil deux guides amenant un jeune homme effaré, et d'assez mauvaise mine. Ils déclarèrent que leurs perquisitions dans le jardin les avaient conduits à un point, où le mur ruiné laisse un passage pour s'évader aisément par le canal d'enceinte; que l'un d'eux, ayant mis le pied sur une pierre pour voir par dessus le mur s'il ne reconnaîtrait pas quelque trace d'évasion, avait entendu quelque chose remuer auprès de lui; que, regardant autour, ils avaient vu l'homme qu'ils amenaient, tapi sous un nopal; que cet homme aussitôt avait cherché à s'enfuir; mais que, courant après lui, ils l'avaient forcé de s'arrêter en le blessant d'un léger coup de sabre au bras. On conduisit alors cet homme devant M. Protain, qui le reconnut pour être l'assassin. Le sieur Devouges, l'un des aides-de-camp du général Kléber, le reconnut aussi pour l'avoir vu depuis le matin parmi les domestiques du général, qui lui-même l'avait remarqué dans le bateau en passant le Nil, et depuis, dans les appartements du quartier-général, d'où il avait été chassé comme étranger inconnu. Un des guides qui l'avait amené, étant retourné à l'endroit où il s'était tapi, y trouva un coutelas recourbé teint de sang, et il l'apporta au conseil. Les soupçons commençant à se changer presque en certitude, on fit subir un premier interrogatoire à cet homme, qui dit se nommer *Souleyman-el-Alépi*, c'est-à-dire d'Alep, âgé de vingt-quatre ans, écrivain de profession, et venu au Kaire depuis cinq mois. Il nia long-temps avoir aucune connaissance de l'assassinat du général en chef, qu'il assurait n'avoir jamais vu Barthelemy, chef des Mamlouks, présent à l'interrogatoire, dit qu'on n'aurait la vérité de lui que par le moyen usité dans le pays (la bastonnade), et aussitôt il se mit en devoir de la lui appliquer lui-même sur la plante des pieds ; mais ce malheureux la soutint avec courage, et persista dans ses dénégations. Barthelemy, voyant l'inutilité de prolonger une épreuve aussi douloureuse, s'avisa de lui dire, que s'il voulait déclarer la vérité, il ne lui serait fait aucun mal, qu'on lui donnerait même de l'argent, et la liberté. Souleyman, prenant confiance dans cette promesse de Barthelemy, quoiqu'elle ne lui fût donnée par aucun Français, déclara alors qu'il allait dire la vérité: la bastonnade cessa aussitôt, et l'on connut les détails affreux de ce crime.

Il résulta des divers interrogatoires qu'on lui fit subir, et qui ne laissèrent aucun doute sur l'exactitude des faits, que le Grand-Visir, aussitôt après son expulsion d'Égypte, avait conçu le projet de se venger, en faisant assassiner le chef des Français. Il avait répandu des écrits pour encourager tout bon Musulman à cet acte méritoire recommandé par le Coran, sous le nom de combat sacré; car, d'après ce livre, tout Musulman qui tue un infidèle se met dans le chemin du salut. Il avait promis enfin sa protection et sa faveur à quiconque coopèrerait à cette œuvre sainte.

Achmet, aga des janissaires disgracié, était depuis plusieurs mois en exil à Jérusalem, et cherchait tous les moyens de rentrer en grâce auprès de son maître. La proclamation du Visir lui en fit concevoir l'espérance, et il s'occupa de chercher un homme dont le fanatisme pût le rendre capable d'exécuter le crime auquel on poussait tous les Musulmans.

Le jeune Souleyman-el-Alépi, dont l'imagination avait été exaltée dès l'enfance, ne rêvait depuis long-temps que le perfectionnement de l'Islamisme, et il croyait que les combats sacrés étaient la voie la plus belle pour arriver à cette perfection. Un long séjour au Kaire, et deux voyages à la Mecque avaient fait naître ces idées, et il les fortifiait à cette époque par un pélerinage dans la ville sainte de Jérusalem.

A ces sentiments religieux il joignait un amour tendre et extrême pour son père, Hadgy-Mohammad-Amyn, simple marchand de beurre à Alep; Souleyman était déjà connu dans Jérusalem par cet attachement pour son père, et par le rigorisme de ses principes religieux. Il fut désigné par les imans à Achmet-aga, comme le plus propre à remplir ses vues : cependant on jugea convenable de ne pas brusquer la proposition, et de l'amener à la faire solliciter par lui-même, comme une faveur des hommes et du ciel. On commença à l'attaquer par le sentiment le plus naturel, celui de l'amour filial. Achmet-aga, lié d'amitié avec Ibrahim, pacha d'Alep, fit connaître ses projets à ce gouverneur, en le priant d'imposer à Amyn, père de Souleyman, une avanie assez forte pour qu'il ne pût pas la payer, et de le tenir en prison aussi long-temps que durerait son insolvabilité. Souleyman, bientôt instruit des malheurs de son père, fit part de sa douleur et de son désespoir aux imans, à qui il demanda conseil dans cette occurrence. Ceux-ci lui parlèrent d'Achmet-aga, comme de l'ami intime d'Ibrahim, auprès de qui il pouvait tout, et ils lui conseillèrent de s'adresser à lui. Souleyman courut chez l'aga, qui le reçut avec bienveillance, et lui promit d'intercéder pour son père, même de le faire délivrer, si, de son côté, il voulait se rendre digne de cette protection, ainsi que des honneurs et des richesses promis par le Grand-Visir à ceux qui entreprendraient le combat sacré, en allant en Egypte immoler le chef des infidèles oppresseurs de l'Islamisme. Cette conversation réveilla toute l'exaltation de Souleyman ; il crut dès ce moment que Dieu, ou le Prophète l'appelait à délivrer les Musulmans du fléau qui pesait alors sur eux, et il s'engagea avec Achmet-aga à aller consommer cette œuvre méritoire et glorieuse. Achmet l'envoya aussitôt à Yassin-aga, commandant de Gazah, en invitant cet officier turc de fournir à Souleyman l'argent et les moyens nécessaires pour se rendre au Kaire. Les imans, de leur coté, lui donnèrent des lettres de recommandation pour quatre cheiks syriens desservants de la grande mosquée d'El-Hazar. Souleyman, bien catéchisé et endoctriné, partit de Gazah le 18 floréal (8 mai), traversa le désert en six jours sur un dromadaire, et arriva au Kaire le 24 floréal (14 mai). Il avait l'intention de loger chez un homme qui lui avait appris à lire et à écrire, quelques années auparavant; mais cet homme pauvre, nommé Mustapha-Effendi, ne pouvant le garder, le congédia après une nuit, et l'engagea à chercher asile ailleurs, sans connaître les motifs de son voyage. Alors il alla trouver les cheiks auxquels il était recommandé ; il leur fit connaître la mission dont il était chargé, et leur demanda asile. Ces cheiks le reçurent dans la mosquée; mais tremblant sur les suites terribles qui pouvaient résulter de son projet, ils cherchèrent à l'en dissuader, ou plutôt à lui en bien faire voir tous les dangers, afin qu'il pût les éviter. Ainsi, dès ce moment ils devinrent ses complices, puisqu'ils n'allèrent pas le dénoncer, et faire avorter le projet en le divulguant. Souleyman se prépara pendant trente et un jours par des prières continuelles dans la mosquée. Il faisait à Dieu des invocations écrites sur des papiers qu'il appliquait aux murs, pour demander la force nécessaire dans le combat qu'il allait entreprendre. Pendant ce temps, il se transportait auprès du général en chef, se le faisait désigner pour le bien reconnaître, et étudiait toutes ses habitudes.

Enfin le 25 prairial au matin (14 juin), jour fixé par lui pour consommer son crime, il annonça à Mohammad-el-Gazhi, l'un des quatre cheiks, « qu'il était résolu d'en finir, qu'il allait » à Gizeh pour cet objet, » et il partit. Arrivé là, il suivit le général dans tous ses mouvements, passa le Nil dans sa barque, ne le quitta pas d'un instant; quoique remarqué, et repoussé, comme je l'ai dit, il se mêla pendant le déjeuner avec les gens de sa suite, et apprenant d'eux que le général allait, seul avec un autre Français, parcourir la grande terrasse, il le devança et se cacha dans le puits à roue, d'où, épiant le moment favorable, il en sortit bientôt après pour porter le coup fatal.

Après tous ces interrogatoires, Souleyman s'adressant à Barthélemy, lui dit : « J'ai rempli ma promesse, hâtez-vous de remplir la » vôtre, car mon pauvre père doit être bien » inquiet de moi, et je ne dois pas perdre un » instant pour aller le délivrer de prison. » Cette confiance dans la parole donnée, cet amour filial, font voir évidemment que ce jeune homme n'était point habitué au crime, et que la religion seule avait pu lui donner la force d'envisager de sang-froid celui qu'il venait de commettre.

A l'instant même où il avait nommé dans sa déposition les quatre cheiks de la mosquée d'El-Hazar, on s'était empressé d'aller s'emparer d'eux. On n'en trouva que trois; Mohammad-el-Gazhi, Seïd-Achmet-el-Oualy, et Seïd-Abdallah-el-Gazhi, le quatrième Seïd-Abd-el-Qadyr, el-Gazhi, s'était enfui en Syrie, à la première nouvelle qu'il eut de l'assassinat consommé. Ces trois cheiks, à qui la religion n'avait pas donné la même force qu'à Souleyman, tremblants à la vue du sort qui leur était réservé, nièrent d'abord qu'ils eussent jamais connu, ni vu le meurtrier ; mais bientôt confrontés, et traités par lui de lâches, de poltrons, ils furent forcés d'avouer leur complicité. Ils s'excusèrent seulement sur ce qu'ils avaient toujours cherché à détourner Souleyman de son projet.

Son jugement.

Le général Menou, d'abord en sa qualité de commandant de la place, avait présidé le conseil des officiers-généraux, qui, après les interrogatoires, lui déféra, par obéissance aux lois de la hiérarchie militaire, le commandement provisoire de l'armée, comme étant le plus ancien général de division. En conséquence, et à ce titre, Menou ordonna le lendemain 26 prairial (15 juin) la formation d'une commission pour juger l'assassin et ses complices. Cette commission s'assembla aussitôt, et appliqua toutes les formes prescrites par le Code militaire à l'instruction de la procédure, à la suite de laquelle elle rendit le 27 prairial (16 juin) un jugement qui condamna les trois cheiks à avoir la tête tranchée, et Souleyman à avoir le poing brûlé, à être empalé, et abandonné vif sur le pal jusqu'à ce que les oiseaux de proie eussent dévoré son corps. Leur exécution fut remise, à l'instar des anciennes expiations, à la suite des obsèques du général, dont le corps pendant ce temps avait été embaumé, et enfermé dans un cercueil de plomb.

Obsèques du général Kléber.

Le canon tirait de demi-heure en demi-heure depuis l'instant où Kléber avait cessé de vivre. Le 28 prairial au matin (17 juin), des salves d'artillerie de la citadelle, répétées par tous les forts, annoncèrent que l'armée allait lui rendre les honneurs funèbres, plus par sentiment que par devoir. Le corps était porté sur un char, recouvert d'un tapis de velours noir parsemé de larmes d'argent, entouré de trophées d'armes, surmonté du casque et de l'épée du général. Il fut conduit lentement dans les principales rues de la ville du Kaire, depuis la place Esbekiéh jusqu'au camp retranché, désigné sous le nom de Ferme d'Ibrahim-bey, en sortant par la porte dite Bab-gheit-el-Bacha, près l'Institut, ancienne maison de Kassim-bey. Le corps fut placé d'abord sur un socle entouré de candélabres, et les soldats de toutes armes et de tous grades vinrent en foule mêler leurs larmes sur ces restes inanimés, qu'ils couvrirent de couronnes de laurier et de cyprès; après quoi, M. Fourrier, secrétaire de l'Institut, prononça l'oraison funèbre, et le corps fut déposé ensuite dans un tertre entouré de cyprès, élevé à cet effet au centre d'un des bastions du camp.

Supplice de l'assassin et de ses complices.

Après cette cérémonie, toute l'armée se transporta autour et au-dessous du monticule du fort de l'Institut, qu'on avait désigné pour le lieu de l'exécution de l'assassin et des trois cheiks. On les fit sortir du fort, où ils avaient été transférés dès le matin, et on leur lut la sentence sur le seuil de la porte de leur prison. Pendant cette lecture, Souleyman conservait une attitude calme, imposante et pleine de sérénité, tandis que les cheiks étaient dans l'abattement de la tristesse la plus profonde. A peine fut-elle terminée qu'ils s'abandonnèrent aux larmes pendant toute la marche jusqu'au lieu du supplice, maudissant et leur destinée, et la connaissance qu'ils avaient faite de Souleyman, et ceux qui le leur avaient recommandé.

Pendant ce temps, le jeune Syrien, honteux de leur lâcheté, leur prodiguait les injures les plus graves, leur disait, que son seul regret en mourant était d'avoir eu pour complices des hommes aussi faibles dans la foi, et aussi indignes de l'honneur que leur avait fait le Prophète en les admettant à coopérer à un acte aussi glorieux pour la religion musulmane. L'exécution commença par les trois cheiks. Ils eurent la tête tranchée sous les yeux de Souleyman, qui donna à ce spectacle toute l'attention et le sang-froid d'une homme soutenu par une grande fermeté de caractère. On procéda ensuite au brûlement de son poignet. Pendant cette cruelle et douloureuse opération, il ne proféra aucune plainte, on ne remarqua même aucune altération dans les traits de sa figure. Tout à coup un morceau de bois enflammé, se détachant du foyer, vint tomber sur son coude; il poussa un cri, et demanda qu'on lui ôtât ce surcroît de douleur. Barthelemy, qui était auprès de lui, et qui, suivant l'usage du pays, avait réclamé et obtenu sans peine l'insigne honneur d'être son bourreau, lui dit avec ironie « Quoi! un homme » aussi brave que toi craint une légère dou-» leur! Qu'est-elle auprès de celle que tu éprou-» ves depuis un quart d'heure avec tant de cou-» rage? » Souleyman, le regardant avec fierté et mépris: « Chien d'infidèle, lui dit-il, sache » que tu n'es pas digne de m'adresser la pa-» role; fais ton devoir en silence, la douleur » dont je me plains n'était point dans la » sentence que mes juges ont prononcée. » Après que son poing fut brûlé, Barthelemy le coucha à terre sur le ventre, et, tirant un couteau de sa poche, il lui fit une large incision dans le fondement; approchant ensuite le bout du pal de cette ouverture, il l'enfonça dans

dans le corps à grands coups de maillet. Lorsqu'il sentit le bois arrivé au sternum, il lui lia les bras et les jambes, l'éleva en l'air, et fixa le pied du pal dans un trou pratiqué à cet effet. Ce malheureux n'avait, pendant cet affreux supplice, proféré aucune parole ; lorsqu'il fut élevé, il promena ses regards sur tous les assistans, et prononça à haute voix la profession de foi des Musulmans : *La ilah el Allah, ou Mouhammed rasoul Allah* : il n'y a d'autre dieu que Dieu, et Mahomet est son prophète. Il récita ensuite quelques versets du Coran, et demanda à boire. Un soldat qui était au pied du pal allait lui rendre ce dernier service, lorsque Barthelemy l'arrêtant : « Gardez-vous-en bien, lui dit-il, cela le ferait mourir sur-le-champ. » Ce malheureux vécut encore quatre heures, et aurait vécu peut-être davantage si le soldat de garde, après que Barthelemy et tout le monde fut parti, n'eût eu pitié de ses horribles souffrances. Il lui donna à boire au bout de son fusil, et le malheureux mourut à l'instant même.

Réflexions sur cet assassinat.

Ainsi fut consommé et expié ce crime atroce, qui était moins celui d'un jeune fanatique que celui du premier ministre d'une puissance qui tient un rang distingué parmi celles de l'Europe. Affreux gouvernement que celui des

Turcs, qui élève aux premiers emplois des hommes qui peuvent concevoir de tels projets, et qui même les approuve, et les comble d'honneurs après qu'ils les ont exécutés !

L'opinion a bien divagué en Europe sur la véritable source de cet assassinat. On en a accusé les Anglais, le général Menou, et surtout le premier consul Bonaparte. La ruse de guerre de M. Morier a basé l'accusation contre les premiers, mais Smith était là ; et si ce conseil avait été donné au Grand-Visir par M. Morier, ce chef des Turcs l'aurait communiqué au commodore, en qui il avait une grande confiance, et dès-lors tout aurait été découvert. Quant à Menou, c'était un ignorant dans l'art militaire ; mais il était Français, c'est tout dire, et la pensée de tremper dans un crime de cette nature ne pouvait entrer dans sa tête.

L'accusation contre le premier consul Bonaparte est la plus absurde de toutes. Depuis son départ il ne pouvait savoir ce qui se passait en Egypte, et encore moins diriger les fils d'une trame aussi difficile et aussi délicate : les Français ont bien assez de reproches à lui faire, sans lui chercher des crimes imaginaires.

La procédure de cette affaire en a fait connaître les détails d'une manière assez claire pour lever tous les doutes, et pour être assuré que le coup n'est parti que de la main du Grand-Visir, qui a cru qu'on ne parviendrait à chasser l'armée française de l'Egypte qu'en la privant d'un chef aussi redoutable. L'événement n'a que trop fait voir qu'il ne s'était pas trompé.

SECTION TROISIÈME.

Gouvernement de Menou; Évacuation de l'Egypte.

CHAPITRE PREMIER.

Administration et détails intérieurs, jusqu'à l'arrivée des Anglais.

Dispositions et vues des Anglais et des Turcs après la bataille d'Héliopolis.

Le commodore Smith, quoiqu'ayant demandé dès la fin de février la révocation des ordres contraires à l'exécution du traité d'El-Arisch, n'avait cependant reçu cette révocation que dans les premiers jours de juin, c'est-à-dire plus de deux mois après la bataille d'Héliopolis. Espérant alors pouvoir renouer avec Kléber, il avait envoyé de Rhodes, où il était, son lieutenant, M. Wright, à Alexandrie, pendant que le capitan-pacha qui, de son côté, voulait fonder son crédit à Constantinople sur la ruine de celui du Grand-Visir, était venu parader devant Alexandrie avec les mêmes intentions que M. Wright. Il avait pris à son bord le chef de brigade Baudot, retenu par les Turcs à Matarié, et traitait cet officier avèc la plus grande distinction pour se faire un mérite auprès des Français. Les défenses que Kléber avait données sur la côte de communiquer avec la mer rendirent toutes leurs tentatives infructueuses. Le capitan-pacha continua long-temps à croiser; mais ses capitaines, peu habitués à cette manœuvre, perdirent quelques bâtiments de l'escadre. Une frégate s'échoua à Bourlos, et un beau vaisseau de 84 canons, commandé par Indjeah-bey, directeur des arsenaux de la marine à Constantinople, vint faire côte sur les rochers d'Aboukyr.

M. Wright, ne pouvant pénétrer en Egypte par Alexandrie, se rendit à Jaffa, où il trouva M. Smith. C'est pendant ce temps que M. Morier, qui avait vraisemblablement sa correspondance secrète, et indépendante du commodore, avait voulu prendre les devants sur lui, et s'entremettre dans cette affaire. Il n'eut pas lieu d'être satisfait de son empressement. Le général Menou, qui, comme je l'ai dit, avait pris le commandement de l'armée, lui envoya en réponse la note de Kléber, et y ajouta ces mots :

« Cette note faisant connaître d'une manière » non équivoque que le susdit Morier est un

» fourbe, chargé, dit-il, de mettre à exécu-
» tion une ruse de guerre à l'ombre d'un traité,
» on a jugé qu'il était de la loyauté française
» de prévenir ce Morier que tout individu
» qui, à l'avenir, se présenterait de sa part à
» l'armée de la République en Egypte, sera
» considéré comme espion, et traité en con-
» séquence. Selon l'usage de toutes les nations,
» il sera pendu à un arbre; le même sort lui
» est réservé, s'il osait s'y présenter lui-même.
» Ce Morier ne peut être que désavoué par
» le lord Elgin, au nom duquel il a l'audace
» de parler.

» On prévient aussi le susdit Morier que
» cent cinquante-deux Anglais de différents
» grades, et à la tête desquels se trouve
» M. Courtenay Boyle, répondront au général
» en chef du moindre mauvais traitement que
» pourrait essuyer à l'armée ottomane le chef
» de brigade Baudot, aide-de-camp du général
» en chef Kléber. »

Le général Menou n'était pas très-conséquent dans cette note, puisque, d'une part, il ne reconnaissait aucun caractère diplomatique au sieur Morier, et le traitait d'espion, tandis que, d'un autre côté, il le menaçait de faire retomber sur cent cinquante deux Anglais prisonniers au Kaire les mauvais traitements que son influence sur les Turcs n'aurait pas épargnés à Baudot; au reste, cette menace ne fut pas faite seulement au sieur Morier, mais elle fut faite aussi au commodore Sydney-Smith dans la réponse à la lettre que celui-ci avait écrite à Kléber, pour lui faire part de l'approbation que le gouvernement anglais donnait au traité d'El-Arisch.

Les cent cinquante-deux Anglais dont parlait le général Menou formaient l'équipage de la fragate *le Cormoran*, qui avait échoué sur la côte à Bourlos; Kléber les avait bien reçus au Kaire, et était disposé à les renvoyer à la première occasion. Menou les fit enfermer à la citadelle le jour de l'assassinat de Kléber, et leur y fit subir plusieurs mauvais traitements dont ils se sont plaints depuis.

L'intention de Kléber, en se maintenant en Egypte, avait été de s'y prémunir contre toute attaque, en divisant les intérêts des Turcs d'avec ceux des Anglais. Fort de ce que ceux-ci avaient manifesté leur intention de s'emparer des ports de Suez, Alexandrie et Damiette, il voulait, tout en promettant l'évacuation, rendre à ceux-là la souveraineté, même l'administration de l'Egypte; mais leur faire sentir que, pour assurer l'intrégrité de l'em- Vues et projets de Kléber après cet événement.

pire ottoman contre les entreprises des Anglais, il fallait que le retour des Français dans leur patrie fût une des clauses de la paix générale; et ce projet eût été sans doute adopté par les Turcs, si Menou en eût suivi l'exécution. Mais ce général, aussi ignorant dans l'art de la politique que dans celui de la guerre, ne sachant pas saisir toute la sagesse et la profondeur de ce plan, le détruisit en répondant toujours avec orgueil et sans dignité aux diverses propositions qui lui furent faites par le capitan-pacha ou par le Grand-Visir; que, désormais, il ne coopérerait à aucune négociation que par l'ordre exprès du gouvernement français, auquel seul on devait s'adresser. Il ne voyait pas que par là il s'interdisait la faculté de profiter de toutes les circonstances que les localités et l'éloignement des divers gouvernements pouvaient présenter; mais il avait des vues secrètes totalement étrangères à l'intérêt de l'armée même de la France.

Caractère du général Menou, son successeur.

Cet homme, qu'il est temps enfin de faire connaître, joignait à un amour-propre excessif une jactance et une ignorance profondes dans l'art militaire. Il avait une ambition démesurée, mais ne possédait aucune des qualités ni des vertus civiles et militaires qui, jusque-là, avaient conduit aux honneurs. Humilié, écrasé même par la réputation brillante des généraux qui développaient de si grands talents, et prodiguaient leur sang pour l'obtenir, il leur portait une basse jalousie, et faisait tous ses efforts pour atténuer ces réputations, en les attaquant avec les armes de l'envie, de la délation et de l'intrigue.

Quoiqu'ennemi naturel de Bonaparte dans les affaires de l'insurrection de Paris en vendémiaire de l'an IV, il avait bientôt dévoré l'humiliation que les suites de cette affaire lui avaient fait essuyer; et lorsque ce général se fut acquis une grande réputation dans les premières campagnes d'Italie, Menou chercha à s'associer à sa fortune.

Il demanda du service dans l'expédition d'Egypte; mais à peine débarqué, il sentit qu'il ne pouvait lutter ni paraître avec quelque avantage dans une armée aussi brillante en talents et en courage; il conçut le projet de se former une réputation dans une carrière où il croyait ne pas trouver de rivaux. Il avait de grandes prétentions dans la science de l'administration, et il croyait avoir bien acquis ce droit par ses travaux dans l'assemblée constituante, dont il avait été membre. Encore rempli des idées de novation et de perfectibilité qu'il avait puisées dans cette assemblée, il voulait, disait-il, porter la hache de la réforme dans cette branche du gouvernement. Il ambitionna donc les fonctions d'administrateur général de l'Egypte; mais Bonaparte avait, avant son départ de Paris, fixé ses vues sur M. Poussielgue, travailleur ardent et impassible, qui devait se borner à exécuter ses projets dans la méthode de gouvernement qu'il avait adoptée; il n'avait donc que faire d'une tête volcanisée, qui eût bouleversé tout. Il réservait cette espèce d'homme pour les hasards de la guerre, et il avait bientôt jugé que Menou n'était bon à rien. Aussi, il ne le pressa ni ne le contraria lorsqu'il le vit se renfermer dans la ville de Rozette, n'en pas sortir pendant deux ans, ne solliciter ni paraître désirer en aucune manière de participer aux opérations de l'armée. Menou était devenu, par sa conduite dans cette ville, l'objet de la risée et du mépris des soldats, à qui rien n'échappait; mais ce mépris fut porté au plus haut degré lorsqu'il exécuta le projet, qui lui passa un jour par la tête, d'abjurer la religion chrétienne, et de se faire Musulman. Ne pouvant sortir de la foule parmi les Français, il espéra, sans doute, s'élever aux premiers rangs parmi les Turcs. Cet exemple n'était pas nouveau dans sa famille; un homme connu dans l'histoire (le marquis de Bonneval, son parent), après avoir servi long-temps l'empereur d'Allemagne, avait aussi abjuré, pris du service dans les armées ottomanes, et était parvenu à la dignité de pacha: Menou, dans ses rêveries, avait sûrement des prétentions plus élevées. Une considération cependant l'arrêta, et le fit balancer quelque temps. Il craignait la circoncision. A son âge (il avait alors plus de cinquante ans) il n'ignorait pas que cette opération n'est pas sans danger; mais en sa qualité de commandant de Rozette, il fit fléchir le rigorisme des Imans, et une assemblée des cheiks de la loi décida qu'il pouvait être Musulman sans circoncision; dès lors plus d'obstacle, il prononça solennellement, et avec toute la force que la grâce lui donnait sans doute, la grande profession de foi de l'Islamisme: *La, ilah el Allah, ou Mouhammed rasoul Allah* : il n'y a de Dieu que Dieu, et Mahomet est son prophète; il prit le nom d'Abd-Allah, qui signifie esclave de Dieu, et dans la vue sans doute de dépouiller entièrement le vieil homme, il voulut épouser une Egyptienne musulmane; il épousa en effet, sans connaître, sans voir, selon l'usage du pays, la première femme qui lui fut désignée. Le hasard voulut que ce fût la femme répudiée d'un baigneur, fille d'un autre baigneur. Cette femme n'était ni jeune, ni jolie, ni riche, et n'avait aucune considération. Quel motif détermina donc cet homme à une action aussi extraordinaire ? Expliquera qui pourra cette bizarrerie de l'esprit humain. Ce nouveau lien attacha plus que jamais le général Menou à la ville de Rozette, et il ne la quitta presque plus. Appelé en Syrie par Bonaparte, pour prendre le commandement de la Palestine, il obéit au bout de deux mois seulement, pour n'aller que jusqu'à Katiéh, et retourner bien vite à Rozette. Lors de la descente des Turcs à Aboukyr, il fut forcé de venir à Alexandrie ; mais, après la reddition du fort, il retourna à Rozette : appelé encore à Alexandrie au moment du départ de Bonaparte pour France, et investi par lui du commandement des trois provinces d'Alexandrie, Rozette, et Bahiréh, il persista, malgré Kléber, à vouloir que Rozette fût le siége du gouvernement des trois provinces. Kléber fut obligé de l'y laisser, et de le faire remplacer à Alexandrie par le général Lanusse. Appelé inutilement pour coopérer aux négociations avec le Grand-Visir, rien ne put le faire sortir de Rozette, ni les préparatifs de la bataille d'Héliopolis, ni le siége du Kaire ; ce ne fut que lorsque tout fut terminé, qu'il n'y eut plus qu'à jouir de la paix et de la tranquillité, que Kléber, qui commençait à prendre de l'humeur de cette opiniâtre résistance, parvint à arracher Menou aux délices de son sérail.

Commandant de la ville du Kaire, il était le plus ancien des généraux de division au moment de l'assassinat de Kléber, et à ce titre il présida le conseil de guerre.

Il prend le commandement provisoire de l'armée.

Il n'y avait qu'une voix dans l'armée, que les intrigues n'avaient pas encore divisée, et cette voix désignait hautement le général Reynier pour prendre le commandement. Déjà connu avantageusement en Europe par sa vie militaire, cet officier joignait à la prudence et au sang-froid le plus impassible toute l'activité nécessaire dans l'exécution. Toujours aux avant-postes en Egypte et en Syrie, il s'était acquis à un haut degré l'estime et la confiance du soldat. Ami intime de Kléber, et dépositaire de ses projets, il en eût suivi tout le développement, et aurait par là rendu à l'armée et à la France les services les plus éminents. L'intérêt public lui faisait un devoir d'accepter ce commandement; sa délicatesse et son obéissance aux lois de la hiérarchie militaire s'y opposèrent; Menou feignit dans les premiers moments de se croire incapable de supporter le fardeau de ce commandement qui était, disait-il, beaucoup au-dessus de ses forces; mais on n'eut pas une très grande peine à détruire ses prétendus scrupules, et on vit avec stupeur cet homme inepte prendre le rang des Bonaparte et des Kléber.

Son animosité contre Kléber.

Tout le monde sentit que dès ce moment c'en était fait de l'Egypte; mais les généraux conservèrent l'espoir que le premier consul, qui connaissait très-bien Menou, ne lui laisserait pas ce commandement: d'ailleurs ils pensaient que ce chef se laisserait conduire par leurs conseils, et qu'alors ils pourraient le diriger dans les circonstances difficiles. Espoir vain et trompeur! Menou, à peine investi du commandement, ne songea qu'à s'en assurer la durée, en caressant les passions du nouveau chef de la France pour en obtenir la confirmation de son autorité. L'animosité de Bonaparte contre Kléber lui en fournit les moyens. Il commença par jeter un certain blâme sur toutes les actions de ce dernier, et il employa à cet effet les moyens les plus vils. Il osa appeler crime les efforts que ce brave et loyal chef avait faits pour rendre à leur patrie une armée de valeureux soldats. Dans son ordre du jour du 3 messidor (22 juin) on vit ces mots: « La capitulation d'El-Arisch, » sur laquelle je ne me permets aucune ré- » flexion, fut conclue. » Dès-lors on connut, à ce nom de capitulation, et à la restriction affreuse dont il était suivi, quelle était la marche que le nouveau général allait suivre dans ses relations avec le gouvernement.

Enfin, le croirait-on! son épouse l'ayant à cette époque rendu père d'un garçon, il ne craignit pas de le faire nommer *Souleyman*. Je veux croire qu'il n'y mit aucune mauvaise intention; mais ce nom, qui était celui de l'assassin de Kléber, était tellement en horreur à tous les Français, qu'il devait au moins se respecter assez lui-même pour donner un autre nom à son fils. C'est sur cette circonstance que quelques-uns fondèrent l'opinion qu'il n'était pas étranger à l'assassinat.

Il introduit des troubles et des divisions dans l'armée.

Les soldats furent indignés de cette maladresse, et du nom de capitulation que Menou avait donné au traité d'El-Arisch : de toutes parts on adressait au général Reynier les reproches les plus violents sur sa condescendance et sur le sacrifice qu'on l'accusait d'avoir fait des intérêts de l'armée, en la laissant dans des mains aussi débiles, et à la merci d'un homme aussi méchant. Mais on attendait en silence les ordres du gouvernement. Pendant ce temps, Menou, pour se rendre nécessaire, et à la manière des grands maîtres de 1793, introduisit les troubles et les factions. Il imagina l'existence de deux partis: les colonistes, à la tête desquels il se mettait, et les anti-colonistes qui étaient les amis de Kléber. Tout individu qui lui déplaisait était rangé dans cette dernière classe, et on était alors anti-coloniste comme on était aristocrate en France. Ce trait manquait à la révolution, car on n'avait pas encore vu dans les armées françaises des partis se former, il avait toujours été reconnu que, même au plus fort des fureurs révolutionnaires, les armées avaient été le seul asile de la vraie liberté; un jour de combat rendait tous les Français égaux et indépendants: on aurait pu concevoir tout au plus deux divisions, une des lâches et une des braves; mais comme il ne s'en trouvait pas pour former la première, l'idée n'en était venue à personne. Tous les Français en Egypte avaient été jusqu'alors unis par les mêmes dangers et par les mêmes espérances; mais un chef turbulent vint porter le désordre parmi eux, et créer un nouvel esprit. Pour se faire des partisans parmi les soldats, il eut soin d'attribuer aux effets de son administration, à l'activité et à l'ordre qu'il prétendait avoir établis dans les finances, la facilité et l'exactitude avec lesquelles on payait alors la solde, et les divers services qui intéressaient le bien-être de l'armée; mais personne n'était la dupe

de

de cette jonglerie, parce qu'on savait très-bien que ces effets étaient la suite de la victoire d'Héliopolis, et de l'organisation que Kléber avait donnée à toutes les institutions depuis cette victoire jusqu'à sa mort.

Ses ordres du jour commençaient ordinairement ainsi : « Généraux, officiers, sous-officiers, soldats, la vérité tout entière doit » vous être connue : je vous dirai toujours la » vérité, rien que la vérité. » Ensuite pour occuper l'attention, il donnait les nouvelles les plus absurdes que débitaient les oisifs et les gens du pays sur les événements d'Europe, et il assurait qu'on pouvait les regarder comme *presqu'officielles.* A l'entendre, il savait ce qui se passait dans tous les cabinets de l'Europe. Le soldat, habitué au laconisme et aux expressions fortes de Bonaparte et de Kléber, sentait tout le ridicule de ce verbiage, et en faisait dans les casernes l'objet de ses plaisanteries, au point qu'un jour Menou reçut un brevet, sur parchemin, de chef d'état-major de la grande-armée des *Gobe-Mouches.* Ce degré d'avilissement dans lequel tombait un tel chef, faisait prévoir les plus funestes conséquences sous son commandement.

Avilissement dans lequel il tombe.

Pour se populariser et paraître s'occuper exclusivement de l'intérêt du soldat, il décla-

Ses efforts pour se populariser.

mait violemment contre l'immoralité de tous les chefs d'administration, et il faisait des réglements dans lesquels il aggravait les peines du code pénal militaire. Il n'y avait que lui de vertueux dans l'armée, et il se plaignait de ce que ses efforts pour détruire les abus lui faisaient un grand nombre d'ennemis.

Certes, M. Dundas eût été bien fort s'il avait lu ces ordres du jour, et c'eût été avec raison que, ces pièces à la main, il se fût écrié qu'il fallait se hâter d'exterminer cette armée de brigands que son chef dénonçait ainsi à l'univers.

Pour couvrir aux yeux du soldat sa nullité dans l'art militaire, il faisait des mouvements de troupes, inutiles et sans motif, aux moindres bruits populaires d'apparition de Turcs ou de Mamlouks, même de simples tribus arabes. On annonça, au commencement de thermidor, que l'armée du Grand-Visir se préparait à marcher. Il était bien aisé de s'assurer de la vérité, et surtout de l'impossibilité où était ce chef des Turcs de développer aucun moyen : au lieu de cela, des troupes furent envoyées à Salehiéh; mais comme les magasins n'y étaient pas considérables, on fut obligé de les rappeler au Kaire.

Il ôte au général Lanusse le commandement

Menou, voyant qu'aucune opposition apparente ne se manifestait contre lui, se crut bientôt assez fort pour développer son système d'attaque contre la réputation de Kléber, et contre les généraux qui s'en étaient établis les défenseurs. Parmi ces derniers figurait le général Lanusse, qui commandait à Alexandrie depuis que Kléber avait ôté cette province au général Menou. A ce double titre, Menou avait juré une haine implacable à Lanusse, et il voulait lui aliéner l'attachement que les soldats de sa division lui portaient. En conséquence, il le remplaça à Alexandrie par le général Friant, et le fit venir au Kaire, où il l'abreuva de dégoûts pour le forcer à demander son retour en France. Mais ce brave militaire, esclave de son honneur et de son devoir, souffrit patiemment tous les outrages, et ne voulut point abandonner l'armée. C'était de tous les généraux celui que Menou craignait le plus. Il était actif, entreprenant, aimé du soldat, et pouvait se porter à quelque coup hardi.

d'Alexandrie pour le donner au général Friant.

Après Lanusse, Damas, chef d'état-major, l'importunait d'une manière d'autant plus gênante, que placé par ses fonctions sans cesse auprès du général en chef, celui-ci ne pouvait donner à ses intrigues toute l'extension nécessaire, sans courir le risque d'être découvert. Déjà depuis long-temps il ne se servait

Il ôte au général Damas les fonctions de chef d'état-major, pour les donner au général Lagrange.

que rarement de son ministère, et correspondait directement avec les officiers subalternes. Enfin, vers le mois de fructidor (commencement de septembre), sans appuyer sa décision de motifs ni de raisons, Menou ordonna à Damas de cesser ses fonctions de chef d'état-major. Celui-ci refusa, en disant qu'une pareille mesure tendait trop à lui faire perdre l'estime de l'armée, qu'il était jaloux de conserver dans toute sa pureté. Mais bientôt, sur la représentation qui lui fut faite par d'autres généraux que cette résistance amènerait des troubles, et jugeant bien qu'il ne pouvait rester chef d'état-major sans le consentement du général en chef, il consentit à donner sa démission, et accepta le commandement des provinces de Bénissouéf et de Fayoum.

Dans le fait, le général Menou ne voulait pas de chef d'état-major : c'était pour lui un témoin et un surveillant qui le gênait. Ne pouvant néanmoins s'empêcher d'en choisir un, il nomma le général Lagrange ; mais on vit bientôt que ce n'était que pour la forme. Il se réserva à lui seul tout le travail, même le plus minutieux ; car l'étalage des affaires flattait singulièrement sa vanité. Il aimait à recevoir les visites dans son cabinet, où on le trouvait tournant autour d'une table de cinq mètres de long sur deux de large, constamment couverte de trente centimètres d'épaisseur de papier. Il aurait sûrement servi de modèle à Picard pour esquisser le caractère d'un bureaucrate.

Changemens et innovations dans l'administration du pays.

Après ces changemens dans le personnel de l'armée, Menou en projetait bien d'autres dans le matériel et les finances; mais auparavant il voulut préluder par un grand nombre d'innovations dans l'administration du pays. Partout un nouveau système entraîne toujours les plus grands dangers. En Egypte, ces dangers sont plus grands qu'ailleurs. Un peuple chez qui on reconnaît encore aujourd'hui les mœurs et les usages des anciens patriarches, quoiqu'il soit gouverné par des étrangers depuis vingt-quatre siècles, ne pouvait être disposé à changer toutes ses habitudes à la vue d'un placard et à la voix d'un infidèle; car Menou musulman n'en était ni plus respecté ni plus considéré de ce peuple rigoriste à l'excès en fait de religion. Les Mahométans admettent des prosélytes, mais ils les méprisent; et Menou apostat, commandant une armée de Chrétiens, n'en était pas moins un infidèle à leurs yeux.

Il voulut abolir l'usage de revêtir de béniches et de schalls les hommes à qui on confie une autorité quelconque. Cette cérémonie, dans les mœurs de l'Orient, est bien au-dessus du serment qu'on exige des fonctionnaires publics en Europe ; on pourrait presque la comparer au sacre des rois.

Le grand divan, ou assemblée générale du Kaire, était dissous depuis le traité d'El-Arisch. Ce divan avait été composé, par Bonaparte, d'hommes de toutes les religions : mesure sage dans la position où se trouvait l'armée ; Menou n'y admit plus que des Musulmans, qui seuls aussi furent appelés à la composition des tribunaux pour connaître exclusivement de leurs différents. Il chargea seulement M. Fourrier, secrétaire de l'Institut, de représenter le gouvernement français auprès d'eux. On eût cru que ces dispositions lui eussent gagné leur affection. Tout au contraire, les grandes innovations qu'il avait faites dans le commerce, et les impôts, lui avaient attiré l'animadversion des habitans, qui, peu sensibles au titre de citoyens, frères et amis, que leur prodiguait Menou, se plaignaient hautement qu'un général musulman, dont ils auraient dû beaucoup espérer, les forçait à regretter les deux généraux chrétiens.

Mais ces hommes qui s'étaient insurgés si vigoureusement le 30 vendémiaire an VII, pour un simple droit d'enregistrement des propriétés, sous le général Bonaparte, paraissaient impassibles, et souffraient avec tranquillité aujourd'hui, tant les suites de leurs précédentes insurrections les avaient frappés de terreur.

On voyait que Menou voulait révolutionner le Kaire comme la France l'avait été en 1793; car on lit ces mots dans le n° 76 du Courrier de l'Egypte, à la date du 18 thermidor an VIII (6 août 1800). Il veut révolutionner les habitants du Kaire.

« L'aristocratie des richesses domine dans » cette ville plus peut-être que partout ailleurs; » de manière que l'influence des gens puissants » y écrase sans cesse le peuple, qui supporte » presque tout le poids des impositions. Il entre » puissamment dans les intentions du général » en chef de diminuer autant que possible cette » influence, et de relever la classe laborieuse » des fellahs. »

Pour hâter l'exécution de ce beau projet, il ordonna, en frimaire de l'an IX, l'établissement d'un Moniteur arabe (Tambieh); mais cette idée n'eut pas de suite, faute de rédacteur.

Menou imagina de détruire le dieh, ou rachat du sang. Cet usage à la vérité est affreux, il révolte nos mœurs européennes. Un homme assassiné (et on en voit tous les jours) est un sujet de guerre presque éternelle entre les villages et les familles. On dit alors qu'il y a du sang entre tels et tels; l'autorité intervient quelquefois, mais ce n'est que pour réunir les partis, et leur faire faire la paix devant le kadi. Alors on compte les morts de chaque côté, et celui qui en a le plus reçoit de l'autre une indemnité en argent proportionnée à ce nombre. C'est là ce qu'on appelle le dieh ou rachat du sang. Cet horrible usage est de toute antiquité, et il faudrait des siècles pour le déraciner. Mahomet lui-même l'a consacré dans le koran. Menou pouvait-il croire qu'un simple ordre du jour suffirait pour changer un article du livre saint. Il arriva que la recherche et la punition des assassins prolongea, envenima les haines, et fit compter des morts de plus dans chaque parti. Il n'y avait toujours que le dieh ou prix du sang qui ramenait la paix.

Il créa un conseil privé pour l'administration de l'Egypte; mais ce conseil ne s'assembla jamais.

Innovations dans les finances.

Ce fut surtout dans les finances que le général Menou signala le plus son goût pour les innovations. C'était sa partie favorite, et bientôt tout fut bouleversé; il cumula les fonctions de payeur-général de l'armée avec celles d'administrateur des revenus publics, qui, dans toute comptabilité bien ordonnée, doivent être parfaitement distinctes. Il fit du payeur-général M. Estève un directeur-général et comptable des revenus de l'Egypte, et il le chargea des revenus en nature, des domaines nationaux, des douanes et droits affermés de l'enregistrement, des corporations, et de la monnaie.

L'administration de l'armée ne fut pas exempte de tous ces bouleversements. Le commissaire-ordonnateur en chef Daure représentait tous les jours au général Menou la nécessité de former de grands approvisionnements sur divers points de l'Egypte; mais le général, sous prétexte d'économie, se refusa constamment à l'exécution de cette mesure; il fit même cesser, comme trop dispendieuse, la fabrication du biscuit que Kléber réservait à Alexandrie pour les vaisseaux qui y amèneraient des secours de France, ou pour l'armée elle-même, dans le cas où elle serait obligée de s'y porter en masse. Menou, dont les calculs politiques n'embrassaient pas une sphère très-étendue, s'était persuadé que l'Egypte était pour toujours à l'abri d'une attaque étrangère, et ne voulant que jouir du plaisir de gouverner, il était tourmenté de tout ce qui lui faisait entrevoir la possibilité d'une attaque. Enfin, fatigué des représentations de l'ordonnateur en chef, il lui ôta ses fonctions, ainsi qu'à onze commissaires des guerres. Il fit Daure simple inspecteur aux revues, le remplaça par l'ordonnateur Sartelon, fit entrer quelques-uns des commissaires dans les cadres de l'armée, et renvoya les autres en France.

Contrariétés qu'il fait éprouver aux membres de la commission des Sciences et des Arts.

Il n'y eut pas, jusqu'à la commission des Sciences et Arts, qui ne reçût sa part des opprobres, des humiliations, et des dégoûts que le nouveau chef prodiguait. Il avait voulu, d'autorité, séparer de cette Commission les membres qui formaient des corps, même étrangers à l'armée. Les ingénieurs des ponts et chaussées essuyèrent le plus ses caprices : libres jusque-là dans toutes leurs opérations, ils se virent obligés d'aller dans des provinces qui leur furent assignées, pour lever des plans de canaux, dans un moment où toutes les terres de l'Egypte étaient couvertes de trois mètres de hauteur d'eau. Ils obéirent, mais ils ne purent rien faire. La commission en masse avait conçu le projet de donner une suite plus étendue à son premier voyage dans la haute Egypte : les membres qui la composaient voulaient se porter jusque dans l'Abyssinie, pour reconnaître le pays des Barabras que l'on annonçait encore rempli de monuments semblables à ceux de la Thébaïde. Tout concourait à rendre ce voyage facile : une légère escorte, que l'on pouvait aisément détacher dans ces moments tranquilles, les assurances que donnait Mourad-Bey, et le désir qu'il avait manifesté de concourir à cette entreprise, enflammaient l'ardeur et l'enthousiasme des voyageurs ; mais la force d'inertie du chef, qui n'avait d'activité que pour faire le mal, fit avorter ce beau projet. Il tint les membres de la Commission pendant trois mois dans l'incertitude sur leur départ : tantôt il en accordait la permission, et l'instant d'après il la retirait. Enfin il les découragea tellement, qu'ils finirent tous par abandonner ce projet de voyage, pour ne pas perdre leur temps, et pour s'occuper utilement. Deux seulement, MM. Rozières et Coutelle, parvinrent quelque temps après à obtenir la permission de se mêler à une caravane d'Arabes de Tor, pour aller visiter le Mont-Sinaï. M. Raffeneau-Delisle était à Siout, et devait aller à la grande Oasis; mais il ne put jamais faire ce voyage. M. Martin était à Bénissouéf et dans le Fayoum; il avait dès long-temps formé le projet de reconnaître le lac Mœris et d'en faire le tour entier; il fut obligé, pour l'effectuer, de traiter lui-même avec une tribu d'Arabes, à laquelle il se confia, et qui lui servit d'escorte. Il devait aller ensuite avec cette même tribu à la petite Oasis. Le général Damas, alors gouverneur des deux provinces qu'il habitait, lui avait promis d'être du voyage; mais les événements de ventose an IX (février 1801) empêchèrent qu'il ne l'effectuât.

Les généraux vont lui faire des représentations sur sa conduite.

Cependant tout le monde était étonné de voir qu'un homme pour qui on n'avait aucune estime, aucune considération, à qui le hasard seul avait conféré un commandement provisoire, que l'on espérait bien voir passer en d'autres mains, se permît des changements aussi contraires aux intérêts de l'armée qu'aux habitants, et surtout au but que la France s'était proposé en occupant le pays. On avait effectivement toujours eu l'intention de conserver au Grand-Seigneur sa souveraineté sur l'Egypte, et toutes les proclamations, ou négociations de Bonaparte et de Kléber avaient eu ce principe pour base. Que devait-on penser alors d'un homme qui, sans avoir reçu l'ordre de son gouvernement, ne cessait de parler de l'Egypte comme d'une colonie française? Cette prétention ne tendait-elle pas à faire resserrer les liens qui unissaient la Porte ottomane à l'Angleterre, et à faire redoubler les efforts de ces deux puissances pour chasser les Français de l'Orient, et pour leur y faire perdre à jamais l'influence qu'ils y avaient eue de tout temps. Ces réflexions faisaient dans l'armée l'objet des conversations journalières; on avait jusque-là toujours fondé ses espérances sur la nomination d'un nouveau général en chef. Mais plus de quatre mois s'étaient écoulés depuis la mort de Kléber, et on ne recevait aucune nouvelle de France. On commençait à croire que la surveillance des Anglais était telle, qu'il n'arriverait aucun bâtiment avant que l'ennemi n'eût rassemblé ses nouveaux moyens d'attaque, dont on faisait les préparatifs à Rhodes. Les uns croyaient qu'il fallait forcer le général Reynier à prendre le commandement de l'armée; d'autres voulaient que l'on arrêtât le général Menou, et qu'on lui fît son procès; d'autres enfin, plus modérés, voulaient que les généraux allassent lui représenter les dangers qu'entraînaient sa conduite et ses innovations. On se fixa à ce dernier parti. Les dissensions qui existaient dans l'armée n'avaient eu aucune prise sur les généraux; ils étaient toujours restés unis, et Menou les avait, pour ainsi dire, séparés de l'armée, en correspondant directement avec les chefs des corps. Cette infraction aux lois, qui tendait à briser les liens de la hiérarchie et de la discipline militaire, avait été vivement sentie, et une grande partie de ces chefs avait refusé de se prêter à toutes ces menées : un seul général, séparé de ses collègues, avait embrassé les intérêts de Menou, et s'abaissait au rôle de délateur. Destaing, qui passait pour l'un des rédacteurs des adresses de l'armée d'Italie avant le 18 fructidor an V, voulut aussi en faire signer en faveur de Menou ; mais il trouva trop peu de prosélytes, et ne put réussir. Menou, informé par lui du projet de remontrances qui devaient lui être faites, crut qu'il arrêterait cette démarche en proclamant, dans l'ordre du jour du 6 brumaire (28 octobre 1800), l'existence de dissensions dans l'armée. Dès-lors les généraux, voyant que l'intention était bien prononcée de sonner le tocsin sur eux, se réunirent le même jour chez le général Belliard, commandant de la place du Kaire. Les généraux Reynier, Damas, Lanusse et Verdier, qui se trouvaient alors dans cette ville, après une courte délibération, se rendirent chez le général Menou, pour lui faire des observations sur sa conduite. Ils lui dirent, qu'ayant constamment vécu aux armées, ils y avaient toujours vu régner l'union et la bonne intelligence, parce que les intrigues y étaient inconnues ; que l'armée d'Orient avait joui de la plus grande tranquillité sous Bonaparte et sous Kléber ; qu'ils voyaient avec peine des germes de divisions s'élever, et qu'en recherchant leur cause, ils la trouvaient dans sa conduite depuis qu'il avait pris le commandement ; que le meilleur moyen de rétablir l'harmonie serait de revenir sur quelques mesures contraires à l'intérêt général, de se régler à l'avenir sur les lois de la République, et sur les principes de la hiérarchie militaire, surtout de mettre fin à toutes les intrigues. Ils s'appesantirent sur les inconvénients des innovations en général, et sur ceux d'une partie de ses arrêtés. Ils lui firent sentir qu'il ne pouvait, dans aucun cas, se mettre au dessus des lois françaises ; que, s'il représentait le gouvernement par rapport à l'administration de l'Egypte, il n'était pour l'armée que général en chef, et qu'il avait en cette qualité une assez grande latitude pour faire le bien ; que, si l'Egypte était déclarée colonie, le gouvernement déterminerait son administration, et que ce devait être un motif pour lui de ne pas se hâter de faire tant d'innovations. Ils ajoutèrent qu'il était imprudent de proclamer publiquement l'Egypte colonie, avant que le gouvernement se fût prononcé. Ils lui citèrent la politique de Bonaparte et de Kléber sur cet objet, et cherchèrent à lui faire sentir quelle inquiétude inspirerait aux Turcs cette dénomination. Ils l'invitèrent à suivre dans sa conduite l'exemple des généraux ses prédécesseurs, qui avaient toujours été réservés sur les innovations, afin de ne pas effrayer les habitants par des changements trop précipités. Ils le prièrent aussi de rédiger ses ordres du jour dans des termes plus convenables, et de supprimer ses déclamations sur la morale et la probité, qui tendaient à persuader que l'armée n'était qu'un amas de brigands que Bonaparte et Kléber n'avaient su discipliner. Ils lui demandèrent aussi de ne pas correspondre directement avec les officiers subalternes, ce qui était contraire à la hiérarchie militaire; de ne faire à l'avenir que les nominations accordées aux généraux en chef sur-le-champ de bataille, et pour les remplacements nécessaires. Ils lui représentèrent que, pour le bien du service, et pour ne pas refroidir le zèle des individus chargés de fonctions publiques, il devait s'astreindre à la règle de ne destituer personne d'un emploi confié par le gouvernement, sans le faire juger par un conseil de guerre.

On avait depuis quelque temps proposé une souscription pour élever en France, aux frais de l'armée d'Orient, un monument à la mémoire de Kléber: Menou avait refusé d'y souscrire, même d'en annoncer la proposition à l'ordre du jour, en même temps que celle pour

Desaix.

Desaix. Les généraux ne purent s'empêcher de lui témoigner leur étonnement de ce refus, et l'assurèrent qu'il avait excité contre lui un murmure général, qu'il était de son honneur de faire cesser.

Cette visite, et surtout les reproches qui lui étaient adressés, firent sur lui l'impression la plus vive; il fut sur le point de se trouver mal; il crut un instant que les généraux allaient l'arrêter et lui faire son procès. Cette mesure aurait sauvé l'armée, le succès l'aurait justifiée; mais les généraux ne voulurent pas donner cet exemple d'indiscipline. Menou, remis de sa frayeur, répondit d'abord que, quant à la soumission pour le monument de Kléber, il n'en avait pas entendu parler; mais, lorsqu'on lui eut nommé les témoins de son refus, il fut interdit, et balbutia une promesse de souscrire et d'insérer la proposition à l'ordre du jour; quant aux autres articles, il ne fit que des réponses vagues, et finit par demander un jour de réflexion, promettant de donner une réponse par écrit: il ne voulait que se débarrasser de la présence des généraux; car il ne fit point de réponse par écrit, et n'annonça point la souscription pour Kléber. Cependant, quelques jours après, le 11 brumaire (2 novembre 1800), les généraux s'étant réunis chez lui pour une cérémonie funèbre en l'honneur de Desaix, ils lui rappelèrent leurs demandes ; Menou convint avec eux de la nécessité des changements qu'ils réclamaient, et promit de se conformer entièrement à leurs désirs: mais ses promesses restèrent toujours sans effet.

Rapports exagérés qu'il fait au gouvernement français.

Craignant alors que les généraux ou d'autres personnes de l'armée n'élevassent leurs plaintes jusqu'au gouvernement français, il résolut de les prévenir, et fit partir en conséquence le général Vial et le chef de brigade du génie Lazowsky avec des dépêches et les rapports les plus exagérés sur la situation de l'Egypte. Ces rapports ont été publiés dans les Moniteurs des 25 frimaire an IX et jours suivants. On y voit qu'il s'attribuait, à lui seul, les grands résultats de la victoire d'Héliopolis, et convaincu qu'après une telle victoire on n'oserait pas attaquer l'armée, ses lettres pleines de jactance promettaient de défendre l'Egypte jusqu'à la mort. Il assurait qu'Alexandrie était fortifiée de manière à ne plus craindre un siége, que son canal était navigable en tout temps, et rien de tout cela n'était vrai ; mais il voulait arriver à son but, qui était d'être confirmé général en chef. Il lui importait peu ensuite qu'il fût convaincu d'imposture.

Il reçoit sa confirmation

Enfin, la confirmation du général Menou

arriva au Kaire le 15 brumaire (6 novembre 1800). Le premier consul connaissait à la vérité son incapacité, mais il comptait sur les généraux, et il était séduit par les rapports mensongers qu'il recevait; entraîné d'ailleurs par son animosité contre Kléber, il donna gain de cause à celui qui servait si bien sa passion. Menou, assuré de son titre, ne mit plus de bornes à son caractère haineux et à sa méchanceté. Trop lâche néanmoins pour oser attaquer les généraux ouvertement, il fit circuler par ses affidés des détails affreux sur la visite que ces généraux lui avaient faite le 6 brumaire. Il les fit accuser d'avoir voulu l'arrêter, prétendant qu'il ne devait qu'à sa fermeté, qu'on n'eût pas exercé sur lui cet acte de violence. Il insinua même, qu'ils étaient d'intelligence avec l'ennemi, à qui ils faisaient passer des grains; enfin il espéra qu'en les perdant dans l'opinion, il les engagerait à quitter l'Egypte, et qu'alors n'ayant plus que des généraux de son choix, son amour-propre ne serait plus humilié par la supériorité de leurs talents, et qu'il ne serait plus contrarié dans tous ses projets de bouleversement.

de général en chef.

Tous les individus de l'armée dont l'état et la réputation militaire dépendaient des rapports du général en chef reconnurent, lorsqu'il eut reçu sa confirmation, que le meilleur moyen d'obtenir quelque chose de lui était de ne pas fréquenter les généraux, même de déclamer contre eux; et ceux-ci se virent réduits à la société intime d'un petit nombre d'amis. Ce n'est pas qu'ils n'en eussent un grand nombre, mais la crainte de s'attirer l'animadversion du chef les privait de les voir. Les généraux surent se résigner à leur sort; mais toujours inflexibles dans leur devoir, non-seulement aucun n'abandonna son poste, mais ils continuèrent à éclairer la conduite de Menou, à empêcher qu'il ne s'écartât de la route tracée par les lois militaires, et ils attendirent tout des événements.

Embarras dans les finances.

Les vices des innovations introduites dans l'armée et dans le pays commençaient à se faire sentir. Les octrois établis aux portes des villes avaient produit à peine le montant des frais de perception; on fit des emprunts aux Cophtes, que Menou avait prétendu vouloir écarter du maniement des revenus publics. Les caisses et les magasins se trouvaient entièrement vides vers la fin de pluviose. Cependant l'horizon commençait à se rembrunir. Des avis annonçaient de toutes parts les efforts prodigieux des Anglais pour réparer la faute qu'ils avaient faite en empêchant l'exécution du traité d'El-Arisch. On savait que l'armée qu'ils avaient formée à grands frais, et qui avait été battue au Helder, chassée au Ferrol, se rassemblait à Macri et à Rhodes. Ces avis étaient parvenus non-seulement par les gens du pays, mais même par le gouvernement français qui, aussi bien et peut-être mieux instruit qu'on ne l'était en Egypte, avait déjà envoyé plusieurs bâtimens. Deux frégates, *la Justice* et *l'Egyptienne*, entrées à Alexandrie le 14 pluviose (3 février 1801), y avaient débarqué chacune trois cents hommes avec de l'artillerie et des munitions. Elles firent connaître tout ce que l'armée d'Orient avait encore d'efforts à faire pour détruire les nouveaux ennemis qui allaient se présenter, et le gouvernement annonçait en même temps que des secours plus considérables arriveraient sous peu.

Arrivée de quelques bâtiments français avec des secours.

En effet, une escadre commandée par l'amiral Ganteaume, et composée de quatre vaisseaux de ligne et de plusieurs frégates, était partie de Brest, avec quatre à cinq mille hommes; mais après avoir passé le détroit de Gibraltar, l'amiral ayant appris par la frégate anglaise *le Succès*, qu'il captura sur la côte d'Afrique, qu'une escadre anglaise considérable était sur les côtes d'Egypte, il se réfugia dans le port de Toulon. Une de ses frégates *la Régénérée* se détacha cependant de la ligne, et

Détails sur l'escadre chargée d'apporter d'autres secours plus considérables.

arriva heureusement le 10 ventose (1er mars 1801) à Alexandrie, où elle débarqua deux cents hommes de la 51me demi-brigade, une compagnie d'artillerie, et des munitions. L'arrivée de cette frégate, et du brick *le Lody* qui entra le même jour, fit bien voir que l'escadre de Ganteaume aurait pu arriver, ce qui eût apporté de grands changements dans la situation des choses; mais on verra plus bas que Ganteaume n'avait pas été assez entreprenant dans une circonstance aussi importante, puisque quelques mois après il arriva très-près d'Alexandrie avec la même escadre, et qu'il n'osa pas se frayer un passage pour y entrer.

Mourad-bey donne avis à Menou des projets des Turcs et des Anglais contre l'Egypte.

Malgré tous ces avis, Menou qui ne voulait rien croire de ce qu'il craignait le plus, ou qui était assez ignorant pour ne pas juger sainement les préparatifs qu'on lui annonçait, affectait de dire que le Visir seul était capable d'opérer quelqu'attaque; que les Anglais ne s'étaient établis à Rhodes que pour s'emparer de l'Archipel. Enfin il plaisantait dans sa société ceux qui jugeaient autrement que lui des desseins des Anglais. Sans faire aucune disposition de défense, laissant de toutes parts la côte libre au premier attaquant, il tenait tous les jours des discours pleins de jactance : langage ordinaire de l'ignorance et de la lâcheté. Pour donner la mesure de cette jactance, on extraira de l'ouvrage du général Reynier une conversation que Menou eut à cette époque avec un des envoyés de Mourad-bey. Il n'aimait pas ce chef de Mamlouks, par le seul motif que, dans sa correspondance, il lui parlait toujours de la haute estime qu'il avait conservée pour le caractère noble et grand de Kléber.

Menou maltraite l'envoyé de Mourad.

Mourad-bey était instruit du plan de campagne des ennemis par les Mamlouks d'Ibrahim-bey, avec lesquels le général Kléber l'avait autorisé à correspondre, dans l'intention de mieux pénétrer les desseins et les dispositions des Turcs. Kléber avait senti qu'il valait mieux approuver ces relations, et en profiter, que de s'exposer à des communications sécrètes, qu'on ne pourrait jamais empêcher. Mourad haïssait les Osmanlys, et redoutait leur vengeance; mais sa politique était de ménager tous les partis. Son traité avec Kléber le liait au sort de l'armée française: c'était d'elle qu'il pouvait espérer les plus grands avantages dans l'état d'épuisement où la guerre l'avait plongé, et qui lui ôtait l'espérance de revenir jamais le maître du pays. L'estime qu'il avait conçue pour les Français, affaiblissait, peut-être même effaçait en partie l'impression des maux qu'ils lui avaient fait éprouver. Ce qui paraît certain, c'est que, soit par attachement, soit par politique, il avertit exactement le général Menou des projets des ennemis, de leurs forces, et même de leurs plans d'opérations.

Le Grand-Visir, instruit de l'ascendant que le parti opposé aux Anglais commençait à reprendre à Constantinople, aurait préféré des négociations aux chances que le sort des armes pouvait lui faire courir; mais toute correspondance avait été rompue. Il fit proposer à Mourad-bey par Ibrahim de s'offrir en qualité de médiateur entre l'armée française et les Turcs. C'était l'époque ou Mourad devait envoyer au Kaire le tribut de sa province. Il donna cette commission à Osman-bey-el-Bardissy, et le chargea en même temps de faire connaître au général Menou le plan de campagne des ennemis et les propositions du Grand-Visir. Ce bey arriva au Kaire le 18 pluviose (7 février 1801), et eut audience le 19. Après avoir fait des protestations d'attachement, il donna des renseignements sur les projets des ennemis, qui devaient agir très-incessamment contre l'Egypte. L'armée anglaise, d'après son rapport, devait être de dix-huit mille hommes; elle devait opérer son débarquement avec le capitan-pacha, tandis que le Grand-Visir traverserait le désert, et qu'une flotte anglaise partie de l'Inde arriverait à Suez avec un corps de troupes. Il montra les lettres qu'Ibrahim écrivait à Mourad de la part du Grand-Visir. Ce dernier le chargeait de représenter au général Menou, que l'armée française pourrait difficilement résister à l'attaque combinée de trois armées; que ses victoires mêmes lui causeraient des pertes impossibles à réparer, et qu'elle finirait par succomber à de nouveaux efforts : il insistait sur l'inconstance de la fortune, qui pourrait bien ne pas le favoriser, et l'invitait à lui faire savoir s'il serait possible de renouer quelques négociations. Mourad-bey priait le général Menou de ne pas oublier ses intérêts, s'il se déterminait à traiter; mais il lui offrait, dans le cas contraire, d'envoyer les secours fixés par le traité d'alliance, et de le seconder de tous ses moyens.

Le général Menou aurait pu se borner à montrer de la fermeté, beaucoup de confiance dans ses ressources pour défendre l'Egypte, ainsi que dans la valeur des troupes, et accepter les secours de Mourad-bey, en lui faisant entendre que c'était plutôt par estime que par besoin. Il pouvait profiter des avances du

Grand-Visir pour exciter des divisions entre les Anglais et lui, entraver les opérations de leur armée, et concourir au succès des négociations entâmées à Constantinople. Mais il reçut fort mal Osman-bey, affecta de ne point croire à la possibilité de l'exécution d'un tel plan de campagne, s'emporta contre les observations sur l'inconstance de la fortune, et répondit qu'il n'avait besoin des secours, ni de la médiation de personne; que Mourad-bey ferait mieux de rester tranquille dans les provinces qu'on lui avait accordées, et de ne pas correspondre avec la Syrie. Osman lui représenta que Mourad avait entretenu des intelligences dans l'armée du Visir, d'après l'invitation même du général Kléber, et pour l'instruire des projets de leurs ennemis communs. Le général Menou reprit, qu'il ne se réglait pas sur la conduite de Kléber, et qu'il ne voulait pas, comme lui, vendre l'Egypte; que ces correspondances de Mourad-bey lui déplaisaient, qu'il lui soupçonnait de mauvais desseins, et ne le voyait pas sans inquiétude accueillir et armer des Mamlouks qui venaient de la Syrie pour le joindre. Osman-bey lui répondit, que Mourad avait toujours été autorisé à appeler près de lui ceux de sa maison, ainsi que ceux dont les beys étaient morts, afin de diminuer d'autant l'armée du Visir.

Il lui parla ensuite d'un autre objet de sa mission; c'était d'annoncer au général Menou que Mahammed-bey-el-Elfi, étant venu se livrer de lui-même à Mourad-bey, se jeter à ses pieds, et solliciter son pardon, il n'avait pu le lui refuser; mais que cependant il l'avait relégué dans un village, avec ses Mamlouks, jusqu'au moment où il aurait obtenu du chef des Français une égale clémence. Le général Menou blâma fort durement Mourad-bey de ce qu'il ne lui avait pas livré ce bey, pieds et poings liés.

Osman demanda la permission de remettre des lettres que Mourad l'avait chargé de porter aux principaux officiers-généraux, en même temps qu'il leur ferait visite pour les assurer de son attachement à l'armée française. Le général Menou lui répondit avec humeur, que Mourad-bey ne devait correspondre qu'avec lui, général en chef, et représentant du gouvernement français; qu'il pouvait faire ses visites, mais qu'il ne devait remettre aucune lettre.

Osman-bey fut peiné de cette réception, et indigné des propos relatifs à Kléber. Il fit connaître les détails de son entrevue au général

Damas, et à l'inspecteur Daure qu'il connaissait plus particulièrement. Tous deux cherchèrent à lui faire entendre qu'il ne devait pas s'offenser de quelques paroles dures échappées au général Menou, et lui dirent qu'il pouvait assurer Mourad-bey de l'estime et de l'attachement de tous les Français. Osman-bey leur témoigna sa surprise de ce qu'on avait pu souffrir pour successeur de Kléber un homme si différent des autres militaires, ajoutant qu'il craignait qu'un tel chef ne causât la perte de l'armée française. Ces officiers répondirent que la subordination et l'obéissance étaient l'âme des armées, et que celle d'Orient était en état de battre toutes celles qui viendraient l'attaquer. Ensuite ils changèrent de conversation, pour qu'Osman ne s'aperçût pas du mépris qu'inspirait le général Menou, et des divisions qu'il excitait dans l'armée, quoique lui-même se fût attaché à les faire connaître, en lui défendant de remettre les lettres de Mourad-bey aux autres généraux.

Osman attendit au Kaire une réponse pour son maître. A la première nouvelle de l'arrivée de la flotte anglaise, il réitéra les offres que Mourad avait faites d'unir tous ses moyens aux forces des Français; mais il ne reçut que des réponses évasives. Lorsque le général Menou se fut enfin déterminé à marcher, il le fit venir, lui ordonna de quitter sur-le-champ le Kaire pour rejoindre Mourad-bey; et, non content de refuser les secours de ce dernier, il le fit menacer d'un châtiment sévère s'il faisait le moindre mouvement en faveur des ennemis. Osman partit désolé. Pouvait-on réunir plus d'arrogance et de sottise que Menou n'en fit paraître dans toute sa conduite avec cet envoyé de Mourad!

Détail des projets de l'ennemi.

Telle était la position de la malheureuse armée d'Orient, lorsque l'ennemi, enhardi par les divisions dont il était instruit, et surtout par l'ignorance du chef, osa concevoir quelque espoir de l'attaquer, sinon avec succès, du moins avec la certitude de l'affaiblir. Les ministres anglais offrirent aux Turcs les restes d'une armée deux fois battue, qu'ils transportèrent dans l'île de Rhodes, pour la réunir à quelques troupes dont le capitan-pacha pouvait disposer, et pour opérer ensemble un débarquement sur la côte, pendant que le Grand-Visir s'avancerait par le désert avec la nouvelle armée qu'il avait rassemblée à Gazah, et qu'un autre corps d'Anglais, venu de l'Inde, entrerait par la mer Rouge.

Ce projet était beau et bien conçu; mais il était aisé de le faire avorter et de le détruire.

Les Anglais eux-mêmes ne comptaient pas sur le succès, et ils n'y auraient jamais songé, s'ils n'avaient pas su Menou à la tête de l'armée française.

Nous allons entrer dans le détail des fautes de ce chef, et nous verrons que, dans cette dernière partie de ses travaux, l'armée n'a pas un instant démenti sa gloire; qu'elle s'en est même acquis une plus grande par son obéissance passive à des ordres dont le dernier soldat reconnaissait l'absurdité.

CHAPITRE II.

Débarquement des Anglais; Prise de Rozette et de Rahmaniéh; Blocus d'Alexandrie.

Abandon dans lequel Menou avait laissé la défense de la côte.

LE général Menou, qui ne voulait pas entendre parler de la possibilité d'une attaque par mer, laissait, conséquemment à son système, la côte totalement dépourvue de troupes. Deux mille hommes seulement d'infanterie, et deux cents hommes de cavalerie, sous les ordres du général Friant, étaient chargés de la défense d'Alexandrie, d'Aboukyr et de Rozette. Menou, devenu tous les jours plus ombrageux, tenait l'armée inutilement rassemblée autour de sa personne au Kaire. Cette réunion eut cependant présenté un grand avantage, si elle avait eu pour but de pouvoir disposer des troupes et les porter avec rapidité sur le premier point menacé. Mais Menou n'avait en vue, dans cette disposition, que la sûreté de sa personne, et nullement la défense du pays; car, dans ce cas, le Kaire était trop éloigné de la côte, et il fallait choisir, comme Kléber l'avait projeté, un point dans le Delta, où on aurait formé un camp de réserve, également à portée de courir sur Damiette ou sur Alexandrie.

Apparition des escadres anglaise et turque devant Alexandrie.

Quoi qu'il en soit, la sécurité paraissait complète au Kaire, lorsque, le 13 ventose (4 mars 1801), vers les deux heures après midi, on reçut, par un courrier qu'envoyait le général Friant, la nouvelle de l'apparition de la flotte anglaise. Dans des circonstances absolument semblables, Bonaparte et Kléber avaient tracé à leur successeur la marche à suivre. Bonaparte, alors aux Pyramides, ne se donna pas le temps de rentrer au Kaire, et courut à Alexandrie, laissant à toute l'armée l'ordre de l'y rejoindre à marches forcées. Kléber était arrivé avec la même promptitude à Rahmaniéh. Menou, qui avait juré de suivre leur exemple, ne bougea pas du Kaire. Alexandrie était menacée, il se contenta d'ordonner au général Reynier de marcher sur Belbeïs avec sa division; au général Morand, l'ordre de partir pour Damiette. Il n'envoya que le général Lanusse vers Aboukyr; et comme s'il eût craint de laisser trop de troupes à ce brave général, il lui envoya en route l'ordre de faire remonter la 88e demi-brigade, qui formait le corps le plus considérable de sa division.

Toutes ces mesures jetaient l'armée dans le plus grand étonnement; les généraux crurent de leur devoir de faire au général en chef des observations sur les vices qu'elles présentaient, et la nécessité de concentrer toutes les forces pour les porter contre l'ennemi. Ils ne reçurent d'autre réponse qu'un nouvel ordre d'obéir, et ils obéirent.

Cependant l'assurance et la tranquillité étaient telles au quartier-général, que l'on tournait en plaisanterie cette expédition des Anglais. On allait jusqu'à dire qu'il était impossible qu'il y eût des troupes sur ces bâtiments. On ne recevait en effet aucune nouvelle de leurs tentatives pour débarquer; mais, le 20 ventose (11 mars), tout changea; la consternation et la stupeur firent bientôt place à la gaieté et aux jactances. Vers les trois heures

après

après midi, le général en chef reçut un nouveau courrier qui annonçait le débarquement des Anglais, et la défaite du général Friant.

Composition des forces de cette armée.

La flotte ennemie avait été signalée le 10 ventose (1er mars), dans l'ouest d'Alexandrie, sur les deux heures après midi, et avait dirigé sa route, le soir, vers la rade d'Aboukyr, où elle arriva dans la nuit.

Elle était commandée par l'amiral Keith, et composée ainsi qu'il suit :

Le Foudroyant, vaisseau amiral, de 80 .... canons.

Le Tigre, de 80 ....

L'Ajax, de 80 ....

Le Kent, de 74 ....

Le Minotaure, de 74 ....

Le Northumberland, de 74 .....

Le Switssure, de 74 ....

Huit vaisseaux armés en flûte.

La Pénélope, frégate de 36 ......

La Pique, de 40 ....

La Flore, de 36 ....

La Florentine, de 36 ....

La Sainte-Dorothée, de 42 .....

L'Ulysse, de 44 ....

Trente-neuf autres frégates non armées.

Une corvette,

Et trois bricks armés en guerre.

L'armée navale ottomane qui s'était réunie aux Anglais était composée :

Du *Sultan Sélim*, vaisseau à trois ponts, de 110 .... canons.

Cinq autres vaisseaux de 74.....

Et huit corvettes.

L'armée de terre portée par cette flotte était composée ainsi qu'il suit :

Général en chef.

Sir Ralph Abercombry.

Lieutenant-Général.

Sir Hély Hutchinson.

Majors-Généraux.

Ludlow. Coote. Kraddok. Lord Cavan. Moore.

Brigadiers-Généraux.

Doyle. Stuart. Finch. Lawson.

Le nombre des troupes à bord était de dix-sept mille cinq cents hommes; mais ce nombre fut porté par des convois successifs à vingt-trois mille quatre cents hommes.

Le capitan-pacha avait sur son escadre six cents Albanais et janissaires.

Dispositions du général Friant.

Le général Friant, qui n'avait alors à Alexandrie que quinze cent cinquante hommes d'infanterie, et cent quatre-vingts hommes de cavalerie, avait suivi la marche de l'ennemi pour se trouver à son débarquement, malgré le peu de moyens qu'il avait à leur opposer. Il avait bien en outre cent cinquante hommes à Rozette, et quatre cent cinquante hommes à la maison carrée d'Etko, sous le commandement du général Zayonchek; mais ces corps n'avaient pu être distraits des points qu'ils occupaient, et Friant ne pouvait disposer que de la garnison. La mer était houleuse, et, malgré l'importance pour les Anglais de ne pas perdre un temps précieux, pendant lequel il était présumable que l'armée française devait se réunir et arriver, ils n'avaient osé tenter le débarquement. Les troupes qui étaient sur les vaisseaux de ligne avaient été mises sur des bâtiments de transport pour pouvoir s'approcher plus près de la côte. Vers quatre heures du soir, trois bâtiments à rames étaient venus tenter une reconnaissance dans le lac de la Mahaddiéh, et avaient mis à terre cinquante à soixante hommes. Vingt furent tués, l'officier de génie fut pris, et le reste se rembarqua promptement.

Débarquement des Anglais.

Enfin, le 17 ventose (8 mars), vers les six heures et demie du matin, une immense quantité de chaloupes, garnies de troupes, se dirigèrent vers la côte, entre l'ouverture du lac Mahaddiéh et le fort d'Aboukyr. Les Français s'étaient mis en bataille sur les hauteurs, vis-à-vis la partie menacée. L'ennemi marchait en très-bon ordre, sur une ligne immense, les rameurs nageant vigoureusement debout, et les soldats couchés dans les canots; il arriva sur la côte avec une telle prestesse et une telle régularité de mouvements, que six mille hommes débarquèrent à la fois et au même instant, sous la protection des chaloupes canonnières, qui faisaient un feu des plus vifs et des mieux soutenus. Ces six mille hommes avaient été assaillis par un feu de file bien nourri, une grêle de mitraille et une charge à la baïonnette, leur droite même avait déjà été culbutée; mais secourue par une forte colonne de la gauche, et l'ennemi présentant d'ailleurs une ligne beaucoup trop étendue, les Français, vu leur petit nombre, ne pouvant faire feu de tous les côtés, furent obligés de céder à leur tour. On s'était battu depuis sept heures jusqu'à neuf heures avec le plus vif acharnement; mais craignant de compromettre la garnison et la sûreté d'Alexandrie, le général Friant se replia sur cette place, et prit position en avant de la ville, la droite appuyée au lac Mahaddiéh, et la gauche à la mer. Les détachements d'Etko et de la Maison Carrée, désormais trop faibles par leur isolément, eurent ordre de rejoindre Alexandrie, en faisant le tour des lacs.

Le général Friant se retire sur Alexandrie.

Ce fut alors seulement qu'on commença à ouvrir les yeux au Kaire; on paraissait sortir d'une profonde léthargie. On reconnut combien avait été impolitique cet éloignement des troupes de la côte. Si le général Friant avait eu à sa disposition une partie des hommes que l'on retenait si inutilement dans la capitale, c'en était fait de cette armée anglaise, dont les officiers étaient eux-mêmes étonnés de trouver si peu de moyens dans la résistance.

Ayant reçu le 13 la nouvelle de l'apparition de l'escadre, Menou pouvait se trouver au débarquement du 17, et il était encore au Kaire le 20 dans l'oisiveté et dans l'incertitude. Il ne connaissait pas ce principe militaire, qui avait fait un prodige de Bonaparte : « C'est à force » de jambes, disait celui-ci, que l'on gagne » des batailles. » Celui qui à la guerre ne prend pas promptement un parti est un homme battu, et ce système d'activité était plus essentiel en Egypte que partout ailleurs, où il devait suppléer au nombre d'hommes.

Départ du général Menou du Kaire.

Menou se décida cependant, le 20 au soir, à marcher sur Alexandrie, et donna aux troupes qui étaient au Kaire l'ordre de partir pour Rahmaniéh; il rappela le général Reynier de Belbeïs, eut soin d'informer le divan, les administrateurs, les chefs des services civils, l'Institut, etc. des événements qui se passaient, les assurant en même temps qu'il allait culbuter dans la mer les nouveaux ennemis qui se présentaient, et qu'il serait de retour sous peu de jours. Il partit en effet le 21 ventose (12 mars) vers midi, laissant au Kaire le général Belliard avec la neuvième demi-brigade, forte seulement de huit cent cinquante hommes. Six cents hommes restaient dans la Haute-Egypte, sous le commandement du général Donzelot; les garnisons de Salehiéh, Belbeïs, Suez, Lesbéh et Bourlos, chacune d'environ cent hommes, restaient à leur poste. Le général Rampon eut ordre de se rendre de Damiette à Rahmaniéh.

Combat du 22 ventose (13 mars).

Pendant que ces dispositions s'effectuaient, les Anglais avaient étendu leur position; ils avaient même tenté, le 22 ventose (13 mars), un coup de main sur Alexandrie, dont ils se seraient rendus maîtres, si le général Lanusse, qui était à Rahmaniéh le jour du débarquement, ne fût venu en hâte au secours du général Friant. L'engagement qui eut lieu en avant des hauteurs qui couvrent la ville fut très-meurtrier des deux côtés. Les Anglais s'avancèrent jusqu'au dernier pont du canal, dont ils ne purent cependant s'emparer; mais ils formèrent deux nouvelles lignes de retranchements, l'une auprès de ce pont, et l'autre en avant de la maison que les Français appelaient l'Ambulance. Ils s'emparèrent du village de Béda, sur le canal d'Alexandrie, ce qui les rendit maîtres de la partie du canal entre ce village et la pointe du lac.

Avec le peu de forces qu'il avait à sa disposition, et qui, réunies à celles du général Friant, ne passaient pas trois mille hommes, le général Lanusse ne pouvait troubler les ennemis dans leurs opérations; ceux-ci travaillèrent donc à leurs retranchemens avec la plus grande activité, établirent de fortes batteries sur toute la ligne, et firent entrer une grande quantité de chaloupes canonnières dans le lac de la Mahaddiéh.

Les Anglais prennent le fort d'Aboukyr.

Le 25 ventose (16 mars) ils mirent le siége devant le fort d'Aboukyr, qu'ils battirent aussitôt en brèche avec des pièces de vingt-quatre. La garnison, forte de trois cents hommes commandés par le chef de bataillon du génie Vinache, eut toutes ses pièces démontées le 26, et fut obligée de se rendre le 27.

Le général en chef n'arriva à Rahmaniéh que le 24 au soir. Il s'y reposa le 25, coucha le 26 à Damanour, où il fut rejoint par les généraux Reynier et Rampon. Il resta à Damanour le 27, et arriva enfin au camp du général Lanusse le 28 au soir. Ces lenteurs, dans un moment où chaque jour augmentait les forces de l'ennemi par sa position ainsi que par les ressources qu'il tirait de l'escadre, affligeaient les soldats; et néanmoins, quoiqu'appréciant le danger qu'elles entraînaient, ils ne pouvaient s'empêcher de s'égayer sur l'ineptie de leur chef. Il parut à cette époque des caricatures qui le représentaient marchant contre les Anglais, à cheval sur une tortue, entouré et suivi d'un nombre considérable de chameaux portant sa femme, son fils et son attirail de cuisine, des détails de laquelle il s'occupait beaucoup. L'un de ces chameaux était chargé d'ordres du jour; un autre de *nouvelles presque officielles;* un troisième de *la vérité toute entière.* Ces trois chameaux succombaient sous le poids de leur charge. Quels malheurs ne peut-on pas prévoir, lorsqu'on se permet de telles attaques contre un chef qui n'a pas la force morale nécessaire pour les réprimer!

Bataille de Canope.

Menou, arrivé devant l'ennemi, se trouvait encore plus embarrassé. Il ne connaissait pas sa position, et ne savait quels ordres donner. Il fit prier indirectement le général Lanusse de lui communiquer ses idées sur un plan de bataille. Celui-ci se concerta de suite avec le général Reynier, et ils envoyèrent au généra en chef un plan, qui fut aussitôt mis à l'ordre du jour. Les dispositions furent faites dans la journée du 29, et le 30 ventose (21 mars), à 3 heures du matin, les troupes marchèrent à l'ennemi.

Le régiment des dromadaires, en avant de la division Lanusse, arriva le premier, mit pied à terre, et suivit avec cette division le bord de la mer, qui formait la gauche de l'armée française. Le but était de porter toute l'attention de l'ennemi sur cette partie de sa ligne, pour laisser à la division Reynier la faculté d'entrer dans les retranchements, et de tourner l'armée anglaise par la droite, c'est-à-dire par le côté appuyé sur le lac Mahaddiéh et le canal. La cavalerie, commandée par le général Roize, était au centre. L'attaque commença par la division Lanusse, dont une grande partie, formée de la 21me demi-brigade, était parvenue à s'emparer d'une redoute principale sous le feu d'une artillerie formidable du camp et des chaloupes canonnières : déjà même elle avait fait mettre bas les armes à un corps considérable d'Anglais, lorsque le général Lanusse, excitant ses troupes, jeta les yeux sur toute sa division, et s'apperçut qu'une brigade, commandée par le général Valentin, était restée en arrière. Il accourut aussitôt pour la faire avancer et soutenir la tête; mais dans ce moment il fut atteint à la cuisse d'un boulet parti d'une des chaloupes canonnières. Quatre grenadiers volent à son secours, et à l'instant où ils le soulèvent, un second boulet arrive et emporte deux de ces grenadiers. Cet événement mit le désordre dans la division; la tête, n'étant plus soutenue, fut obligée de se retirer, tout en faisant des prodiges de valeur. La vingt-unième y perdit plus de la moitié des siens. Un bataillon entier resta prisonnier.

Pendant cette attaque, le général Menou se promenait derrière l'armée, et ne s'occupait point d'en suivre les mouvements. Il rencontre le général Roize, et, sans s'inquiéter si le moment était favorable ou non, il lui donne l'ordre de charger. Cet ordre était on ne peut plus intempestif; car, pour opérer avec quelque apparence de succès, la cavalerie ne devait s'ébranler qu'au moment où les deux ailes auraient, par leur mouvement, jeté quelque désordre dans la ligne ennemie. Le général Roize, étonné, se fit répéter le commandement jusqu'à trois fois, pour laisser au général en chef le temps de réfléchir, et de lui en faire sentir l'absurdité. Mais au troisième ordre, voyant qu'il allait se rendre coupable de désobéissance, il se retourna vers ses braves, et enfonçant avec force son casque sur sa tête, il s'écria : « A moi, mes amis ; on nous envoie à la » gloire et à la mort, courons, » et il partit. La charge fut terrible : tous y développèrent une intrépidité que les difficultés irritaient. Ils pénétrèrent jusque dans le camp ennemi ; mais les Anglais avaient eu soin de creuser des puits, de semer des chausses-trapes, et de croiser les cordes des tentes. Ces obstacles furent l'écueil de cette brave cavalerie, dont une grande partie resta sur le champ de bataille. Le général Roize lui-même, parvenu dans une redoute et sans espoir de succès, mit pied à terre et se battit jusqu'à l'extrémité. Il fut tué, lui et les braves qui ne l'avaient pas quitté. Un officier de dragons arriva jusque dans la tente du général Abercombry, où il engagea un combat corps à corps avec ce général en chef de l'armée anglaise, qui fut blessé, et mourut quelques jours après de ses blessures.

Le général Reynier attendant toujours l'ordre d'attaquer, et ne le recevant pas, resta avec sa division environ quatre heures sous le feu de l'ennemi ; il envoya plusieurs aides-de-camp demander des ordres, mais il n'en reçut aucune réponse.

Enfin, vers les neuf à dix heures, la retraite fut ordonnée et exécutée avec précision ; on prit, en avant de la ville d'Alexandrie, une position militaire correspondante à celle des Anglais; on fortifia une ligne appuyée à droite sur le canal, et à gauche sur la mer, et on se tint désormais sur la défensive. La perte de cette journée était de huit cents morts, quatre cents prisonniers et deux cents blessés.

Situation des Français au Kaire.

L'impatience des Français au Kaire devançait tous les courriers. Le désir que l'on avait d'une victoire en faisait annoncer la nouvelle, pendant que l'on ignorait absolument ce qui se passait. On présumait déjà la bataille livrée le 28 ou le 29, et le 30 au soir on en donnait les détails. Cependant rien ne se confirmait. Les moins crédules fixaient toutes leurs espérances sur la journée du 1er germinal; mais rien n'étant encore arrivé ce jour-là, l'inquiétude commençait à s'emparer des esprits, et les mêmes personnes qui avaient fait circuler les détails d'une victoire commençaient à dire tout bas, que ce retard ne pouvait annoncer rien que de fâcheux. Il restait encore une espérance que laissait le caractère connu de lenteur du général en chef. Alors on présumait qu'il n'aurait livré bataille que le 30, et qu'il ne se serait pas aussi empressé à en faire connaître les résultats, que l'impatience pouvait le supposer. On attendait, en conséquence, les nouvelles pour la journée du 2; mais cette journée se passa encore, ainsi que le 3, sans rien apprendre. Dès-lors l'inquiétude se changea en alarme; l'ignorance où l'on était de la vraie position de l'armée la supposait tellement en désordre, qu'on croyait que le général n'avait même pu rien faire savoir de ce qui s'était passé.

Cette alarme augmenta encore par une nouvelle qui fut répandue dans le Kaire le 3 au soir. Le grand cheik de la tribu de Terabins de Syrie, campée dans l'Ouadi ou vallée de Sebah-Biar, avait averti le commandant de Belbeïs que la cavalerie ottomane était dans cette vallée, et se portait sur Belbeïs pour arriver au Kaire. Les esprits, déjà disposés à l'effroi par l'inquiétude affreuse qu'ils éprouvaient, voyaient déjà les Osmanlys entrant dans cette ville, et renouvelant avec un bien autre motif de vengeance les meurtres et le carnage qu'ils y avaient commis l'année précédente. En effet, d'après ce rapport et les calculs les plus ordinaires de la marche de cette cavalerie, elle devait être à Belbeïs dans la matinée du 4, et au Kaire le 6 au plus tard. La 9me demi-brigade, seule troupe disponible, fut aussitôt mise sous les armes, et alla camper entre Birket-El-Hadgy et la Coubbé. Chacun s'empressa de pourvoir à sa sûreté personnelle; les moins effrayés cherchaient les moyens de mettre en sûreté leurs effets les plus précieux. Toute la nuit et la journée du 4 furent employées en déménagements; on se portait avec affluence à la citadelle, seul point à l'abri d'un coup de main; tous les hôpitaux épars furent évacués; cette journée présenta un tableau effrayant : on s'attendait à toute minute à voir éclater une insurrection générale dans la ville. Déjà même quelques-uns assuraient avoir vu des rassemblements dans le quartier de la mosquée d'El-Hazar; mais ce peuple timoré, qui n'agit que par une forte impulsion, craignait encore trop les Français. Il est à croire qu'il ne voyait pas, sans une secrète complaisance, cette évacuation précipitée de la ville sainte par des infidèles; mais les suites de l'insurrection de l'année précédente étaient encore trop présentes à la mémoire des habitants, pour qu'ils osassent rien entreprendre contre des hommes qu'une expérience de trois années les forçait de regarder comme des maîtres puissants et terribles quoique généreux.

Dispositions du général Menou après la bataille de Canope.

L'évacuation s'opéra donc avec tranquillité, et presque tous les Français étaient, deux jours après, renfermés dans la citadelle; on apprit cependant le 5 germinal que la prétendue cavalerie ottomane n'était autre que les Mamlouks d'Ibrahim-bey, qui allaient rejoindre Mourad dans la haute Egypte.

Le 4 au soir, il arriva enfin des nouvelles de l'armée, mais elles ne firent que redoubler les alarmes en confirmant les inquiétudes que l'on avait sur son sort. M. Tioch, adjoint de l'adjudant-général Réné, sous-chef de l'état-major, avait été expédié pour apprendre les tristes résultats de la bataille du 30. Les dépêches du général en chef contenaient les dispositions pour le reste des troupes disséminées sur les différents points de l'Egypte. Les garnisons de Salehiéh, Belbeïs, Suez, Les béh et Bourlos, devaient être réduites à cinquante hommes. Les trois premières avaient ordre d'abandonner, en cas d'attaque par des forces supérieures, et de se replier sur la citadelle du Kaire. Le général en chef ordonnait l'évacuation totale de la haute Egypte; quinze cents hommes devaient descendre sur-le-champ à Rahmaniéh, sous la conduite du général Robin. Il était enjoint à tous les autres Français civils et militaires de s'enfermer dans la citadelle jusqu'à nouvel ordre; le général en chef annonçait que son intention était de se tenir sur la défensive, afin de tomber sur l'ennemi aussitôt qu'il sortirait de ses retranchements pour poursuivre son entreprise; qu'au reste, il avait la certitude que des secours allaient lui arriver de France, et qu'il les attendait.

Cette inertie du général Menou jeta tout le monde dans la plus grande consternation. Le général Belliard convoqua un conseil de guerre à une heure après minuit : il y proposa de faire sauter les forts de Belbeïs, Salehiéh et Suez; mais on discuta beaucoup, et on se sépara sans rien décider.

Les Anglais s'emparent de Rozette.

Le général Menou, qui ne voulait jamais voir les choses comme elles devaient être vues, s'imagina que les Anglais ne feraient de mouvement que sur Alexandrie, il prétendait même qu'ils seraient bientôt forcés de se rembarquer. Il s'obtinait à ne pas voir que son inactivité et le séjour des troupes à Alexandrie leur ouvraient la route de l'Egypte, puisque Rozette était restée sans troupes ni défense. En effet, le 13 germinal (3 avril), le commandant de cette ville manda au général en chef que les ennemis formaient un établissement à la Maison Carrée, où ils avaient placé quatre mille Turcs; il en concluait que leur intention était de se porter sur Rozette. Le général en chef envoya un de ses aides-de-camp à la tête d'un détachement de cavalerie, pour faire une reconnaissance vers Etko et la Maison Carrée; mais ce jeune homme, peu versé dans cette partie de l'art militaire,

militaire, ou dans la vue de flatter les opinions de son chef, se contenta d'aller à une ou deux lieues en avant de Rozette, et d'après les renseignements qui lui furent donnés par un Arabe, il revint faire le rapport le plus tranquillisant sur la position de l'ennemi. Il assura qu'il n'y avait pas plus de sept à huit cents hommes, et que le but de cette position était la formation d'un hôpital pour séparer les Turcs du corps d'armée.

Cependant l'ordonnateur en chef Sartelon était venu à Rahmaniéh, pour faire mettre en sûreté les magasins de subsistances qui se trouvaient à Rozette, et il se rendit dans cette ville le 17 germinal (7 avril). Pendant ce temps, les avis que le cheik d'Etko donnait au commandant Saint-Faust devenaient de plus en plus alarmants. Ce cheik avait montré un grand dévouement aux Français depuis leur arrivée dans le pays; il leur en avait donné de fortes preuves lors de la descente des Turcs à Aboukyr. La circonstance actuelle ne le trouva pas moins fidèle, quoique la fortune parût les abandonner. Il informa avec exactitude le commandant de Rozette de la force et des mouvements de l'ennemi. Ses rapports, absolument opposés à celui de l'aide-de-camp du général en chef, portaient le nombre des Turcs à environ quatre mille. D'après ces renseignements, le commandant Saint-Faust fit porter au fort Julien l'artillerie, les malades et les invalides, qui en formèrent la garnison. Enfin, le 16 germinal (6 avril), le cheik d'Etko annonça que l'ennemi était en marche, qu'il avait pris position au Santon; qu'il était déjà venu en détachement prendre des informations au village, et que vraisemblablement il marcherait le lendemain sur Rozette. Le cheik le priait en conséquence de ne plus lui écrire, et de brûler même les lettres qu'il lui avait déjà écrites. Sur cet avis, le commandant qui ne se trouvait point en forces pour disputer le terrain, fit embarquer toutes les administrations, et traversa le Nil pour s'établir sur la rive du Delta avec le peu de troupes qu'il avait. Cependant le 17, l'ennemi n'arrivant point, il rentra dans Rozette et y reprit les hauteurs de la ville; mais le 18 au matin, une forte reconnaissance de Turcs vint jusque sur ces hauteurs, et après avoir fait replier quelques-uns des postes avancés, se retira vers son corps d'armée. Cet événement jeta bientôt l'alarme, et on se hâta d'effectuer l'évacuation commencée la veille. C'est dans ce moment que l'ordonnateur Sartelon arriva pour enlever les magasins, mais il ne trouva dans la ville aucuns moyens de transport; il n'avait même plus le temps nécessaire pour cette opération, et il fut obligé de se rembarquer promptement.

Vers les quatre heures de l'après-midi, quelques vedettes qu'on avait laissées sur la tour d'Abou-Mandour signalèrent l'approche de l'ennemi, divisé en quatre colonnes d'environ mille hommes chacune, à la distance d'une demi-portée de canon l'une de l'autre. La plus au nord, composée seulement d'Anglais, se portait sur le fort Julien, la seconde sur la ville de Rozette, la troisième sur la tour d'Abou-Mandour, et la quatrième sur le village de Guédid, position à une lieue et demie en avant de Rozette. Ces trois dernières colonnes étaient composées seulement de Turcs. Alors les vedettes se replièrent, et les barques mirent à la voile. Le vent n'était pas favorable : assaillies par un de ces ouragans impétueux et instantanés que les marins appellent un grain, la plupart des barques furent sur le point de périr. L'une des djerms armées, qui formaient leur escorte, étant restée en arrière pour presser les barques tardives, se trouva encore dans le port au moment où les Turcs arrivèrent à la grande place de Rozette qui est sur le Nil. Accourus en foule, ils se pressaient déjà sur les bords du fleuve pour s'emparer de ce bâtiment, lorsque celui-ci leur lança une bordée de tous ses canons, qui en terrassa une grande partie; le reste, saisi de frayeur, s'enfuit de cette place avec une vitesse plus grande que celle qui les y avait portés. La djerm attendue cependant par une batterie que la colonne des Turcs qui s'était dirigée sur Abou-Mandour y avait établie, fut atteinte d'un boulet qui lui fit faire eau. Le grain qui survint dans ce moment la mit hors d'état d'être gouvernée, et bientôt elle coula à fond. Les matelots eurent à peine le temps, les uns de se jeter à l'eau, les autres dans le canot, et de rejoindre ainsi les troupes campées dans le Delta. Les autres barques arrivèrent le lendemain à Rahmaniéh.

Le général Lagrange est envoyé pour couvrir Rahmaniéh.

Cet événement, dont l'idée avait été éloignée par le rapport de l'aide-de-camp du général en chef, jeta quelques alarmes dans ce dernier poste. Rien ne pouvait empêcher l'ennemi de s'y porter. Deux cents hommes seulement, commandés par le chef de brigade Lacroix, y avaient été laissés pour la défense du fort. Le général en chef avait, à la vérité, ordonné à la 9me demi-brigade de descendre du Kaire pour renforcer ce point important, d'où Alexandrie pouvait seulement tirer des subsistances. Cette demi-brigade, commandée par son chef Pépin, était en effet descendue; mais arrivée le 17 germinal (7 avril), à cinq lieues de Rahmaniéh, elle avait reçu du général Belliard l'ordre de remonter de suite au Kaire; cet ordre était provoqué par la nouvelle positive, que reçut ce général, de la marche de l'armée des Osmanlys. Il avait appris que le Grand-Visir était parti le 14 (4 avril) d'El-Arisch avec une armée de vingt-cinq mille hommes et douze cents Anglais, dont deux cents artilleurs.

Rahmaniéh était donc réduit à ses propres forces, augmentées, il est vrai, de la petite ganison de Rozette, mais dépourvue d'artillerie; la redoute qui y était établie ne pouvait s'opposer à l'ennemi, qui s'en serait aisément emparé, s'il s'y était porté avec promptitude : heureusement, il avait adopté dans toutes ses opérations un système absolument contraire. Le commandant de Rahmaniéh, le commissaire ordonnateur Sartelon et le général Fugières écrivirent successivement au général en chef pour lui faire connaître la position critique de Rahmaniéh, et l'engager à envoyer promptement au secours de cette place importante. En effet, déjà l'ennemi s'était porté le 20 (10 avril) en avant de Rozette, le long du Nil, jusqu'au village de Dairout; le général en chef envoya le 21 le général Valentin avec la 69me demi-brigade et un régiment de hussards; mais ces forces étant loin de suffire, il donna au général Lagrange les troupes qui formaient la division du général Reynier, et l'envoya sur Rahmaniéh; le général Reynier resta alors simple particulier à Alexandrie. Cependant les Anglais avaient mis le siége devant le fort Julien, qui le soutint, pendant dix jours, malgré le feu soutenu d'une artillerie considérable qui aurait pu aisément mettre en ruine un aussi mauvais ouvrage. La garnison capitula le 29, et obtint tous les honneurs de la guerre, les assiégeants furent étonnés de voir que cette garnison n'était composée que de malades et d'invalides: ils durent alors remercier le ciel de ce qu'un telle armée était paralysée par les sottises du chef.

Les Anglais, voyant qu'une partie des forces des Français s'était portée en avant de Rahmaniéh, et qu'elle pouvait non-seulement arrêter leur marche, mais les attaquer, n'allèrent pas au-delà de Dairout, et s'y fortifièrent jusqu'à ce qu'ils eussent fait venir d'Aboukyr les forces nécessaires pour attaquer le général Lagrange, qui avait pris position à El-Aft, et chasser le général Valentin qui occupait Foua pour empêcher les Anglais de tirer des vivres du Delta.

Pour assurer d'autant leur opération, et isoler totalement Alexandrie du reste de l'Egypte, les Anglais coupèrent, le 23 germinal (15 avril), le canal qui apporte les eaux du Nil dans cette ville, et au moyen de cette ouverture, ils firent couler les eaux du lac Mahaddiéh dans l'ancien lac Maréotis, qui était à sec depuis plusieurs siècles. L'eau s'étendit très-loin au-delà de la tour des Arabes, ce qui donna à M. Gratien-Lepére, ingénieur des ponts et chaussées, l'occasion d'aller faire à l'ouest de ce lac une reconnaissance intéressante, dont la relation fait partie des Mémoires insérés dans le grand ouvrage de la commission des Sciences et Arts.

Ainsi l'armée française était partagée en trois grands corps isolés l'un de l'autre, et ayant devant eux un ennemi de beaucoup supérieur en forces et en moyens.

Le général Lagrange, avec environ quatre mille hommes, était obligé de disputer le terrain à une armée de plus de 20 mille hommes, commandée par le général Hutchinson, qui avait succédé au général Abercombry.

Le général Belliard, avec trois mille hommes au plus, allait avoir sur les bras une armée de vingt-cinq mille Turcs, une autre armée anglaise qui arrivait par la mer Rouge, et toute la population du Kaire.

Position critique de la ville d'Alexandrie.

Enfin le général Menou, qui ne sortait de sa tente à Alexandrie que pour aller visiter la boucherie et les fours, et qui croyait que sa présence seule était le *Palladium* de cette ville, se morfondait à attendre l'escadre de Ganteaume, et ne faisait pas un mouvement. Les Anglais le laissaient fort tranquille, et paraissaient ne pas s'occuper de lui, l'abandonnant à un ennemi plus redoutable, la faim. Ce n'était déjà qu'à force d'or qu'on pouvait se procurer quelques subsistances dans cette ville; les médiocres magasins, que l'imprévoyance du général Menou avait laissé vider, ne promettaient pas de grandes ressources. On intéressa les Arabes ouladalis à venir apporter des grains, et l'appât du gain leur fit braver tous les dangers et toutes les peines que présentait ce moyen d'approvisionnement; d'un autre côté, le corps des dromadaires était chargé de se porter par les déserts dans l'intérieur de l'Egypte, pour y recueillir des vivres: tels furent les moyens précaires qui soutinrent cette malheureuse ville pendant plusieurs mois.

Retraite du général Lagrange sur le Kaire.

Malgré toutes les facilités que le général Menou laissait aux Anglais d'exécuter leurs opérations, qu'il ne traversait par aucun mouvement, ils restèrent encore près d'un mois dans l'inaction; après avoir pris Rozette, ils s'aperçurent enfin que la position du général Lagrange à El-Aft ne les empêchait pas de passer entre sa gauche et le lac Etko; d'un autre côté le passage entre ce lac et celui de la Mahaddiéh restait libre, et ils purent diriger par là un corps sur Damanhour pour attaquer Rahmaniéh par l'ouest; ce ne fut qu'après qu'ils eurent fait passer ce corps, que le général Menou envoya le général Delgorgue le 19 floréal (9 mai); mais il n'était plus temps, et ce général dut rentrer de suite à Alexandrie. Enfin, ayant placé sur la rive droite du Nil un grand nombre de troupes pour forcer le général Valentin à évacuer Foua, les Anglais cernèrent de tous côtés la ligne du général Lagrange, et se mirent en marche contre lui sur trois points le 19 floréal (9 mai 1801). Outre ces dispositions, ils avaient fait entrer dans le Nil une immense flotille qui marchait de conserve avec eux. Le général Lagrange, jugeant qu'il allait être enveloppé et forcé dans ses retranchements par des troupes aussi nombreuses, quitta sa position pour se replier sur Rahmaniéh.

La gauche de l'ennemi, entièrement composée de Turcs, suivait les bords du fleuve; les Anglais marchaient en colonne à leur droite, et étaient près de donner la main au corps qui arrivait par Damanhour : celui qui était sur la rive droite du Nil était déjà en face de Rahmaniéh, et avait établi des batteries vis-à-vis de la flotille française, chargée de munitions et de vivres pour Alexandrie.

Les troupes françaises étaient placées autour de la redoute de Rahmaniéh, et derrière les digues du canal. Les Anglais n'avançaient qu'avec la plus grande lenteur, et avec toutes les précautions qui peuvent garantir d'un échec. Les Turcs, qui n'avaient pas leur prudence, voulurent se porter sur un petit canal d'irrigation pour insulter les Français, à l'abri de cette espèce de retranchement; mais deux cents hommes seulement, qui furent détachés sur eux, les firent bientôt repentir de leur insolence, en les forçant à s'éloigner avec une très-grande perte.

Cependant le général Lagrange voyant bien qu'il ne pouvait, sans se compromettre, résister plus long-temps aux nouvelles attaques d'ennemis beaucoup trop supérieurs; que la flotille anglaise protégée par les batteries établies sur la rive droite du Nil, prendrait ses troupes en flanc et de revers, abandonna Rahmaniéh pendant la nuit, et effectua sa retraite sur le Kaire, sans pouvoir amener la flotille, aux mouvements de laquelle les batteries de la rive droite du Nil s'opposaient.

Prise de Rahmaniéh.

La redoute de Rahmaniéh capitula le 20 floréal (10 mai), à la première sommation qui lui fut faite, et deux jours après un convoi considérable qui venait du Kaire pour se joindre à la flotille étant entré dans le Nil par le canal de Menouf, après le passage du général Lagrange, tomba tout entier dans les mains de l'ennemi.

Le chef de brigade Cavalier est fait prisonnier avec les dromadaires.

Le général Menou, tremblant alors pour les subsistances d'Alexandrie, fit rassembler tous les chameaux qui se trouvaient dans la ville, et chargea le chef de brigade des dromadaires, Cavalier, d'aller tenter un effort dans la province de la Bahyréh. Celui-ci partit le 24 floréal (14 mai), avec deux cent vingt hommes d'infanterie, cent vingt-cinq dragons, quatre-vingt-cinq dromadaires, et une pièce de canon; il escortait un convoi de six cents chameaux destinés à rapporter les vivres et les fourrages qu'il pourrait trouver. Arrivé le 26 à El-Och, sur les bords du Nil, il vit ce village abandonné. Il poussa jusqu'à Amran, même solitude, et par conséquent même impossibilité de se procurer des vivres. Croyant les Anglais encore à Rahmaniéh, il prit la résolution d'aller jusqu'au Kaire, car il n'avait plus de vivres, même pour sa petite troupe. Tout-à-coup il apperçut une flotille sur le Nil, et bientôt il reconnut que c'était celle de l'ennemi : il fit un mouvement pour s'enfoncer dans le désert; mais à peine eut-il pris cette direction, qu'il se vit entouré par toute la cavalerie, par une brigade d'infanterie, et deux pièces de canon: le tout était dirigé par le brigadier-général Doyle. Cependant on ne put l'empêcher de gagner le désert; mais il y fut poursuivi et atteint après trois heures de marche, parce que sa retraite était ralentie par l'obligation de faire face, sans se rompre, à une nuée d'Arabes qui le harcelaient sans cesse. Le major Wilson du régiment de Homspech lui envoya un parlementaire pour lui proposer de se rendre prisonnier. Cavalier rejeta avec fermeté cette première sommation, et continua sa retraite; mais les chameaux, épuisés de fatigue, ne pouvaient plus suivre, et tombaient. Enfin le malheureux Cavalier réduit à la dernière extrémité, voyant que toute sa troupe allait succomber, proposa aux Anglais une convention par laquelle ils s'engageaient à le ramener en France, lui et sa troupe avec armes, bagages, et tous les honneurs de la guerre, sans pouvoir en aucune manière être considérés comme prisonniers. Les Anglais qui ne demandaient pas mieux que d'éviter les chances d'un combat, acceptèrent ces propositions avec le plus vif empressement, et cette petite troupe de Français fut envoyée de suite à Aboukyr pour être conduite en France.

Menou ne voyait que des traîtres dans ceux que ses fautes mettaient dans la cruelle alternative, ou de succomber d'une manière honteuse, ou de céder à la nécessité : il n'apprit le malheur de Cavalier qu'un mois après; mais aussitôt qu'il en eut connaissance, il jeta feu et flamme, accusa cet officier de tous les malheurs qui menaçaient la ville d'Alexandrie, et publia l'ordre du jour suivant :

Alexandrie, 29 prairial an IX.

Généraux, officiers, soldats!

« Je vous dénonce une lâcheté, peut-être même une trahison, qui vient d'être commise : le chef de brigade Cavalier à capitulé le 27 floréal dernier en rase campagne, sans tirer un coup de fusil, commandant un détachement de plus de cinq cents hommes : la capitulation est la plus honteuse qui ait jamais été signée; elle porte tout le caractère d'une vente faite aux Anglais : on y voit clairement qu'on a voulu prendre les moyens de transporter sûrement en France de l'argent; mais ce qui m'étonne le plus, c'est que les autres officiers, c'est que les soldats, aient obéi à une pareille capitulation. »

« Armée d'Orient, si jamais celui qui a l'honneur de vous commander en chef voulait commettre une lâcheté pareille à celle qui vient de l'être par le chef de brigade Cavalier, ne lui obéissez pas : vous ne lui devriez plus de sommission dès qu'il deviendrait lâche. »

» Armée d'Orient, je vous répéterai jusqu'à mon dernier soupir, que l'honneur est tout, que l'argent n'est rien, et soyez bien convaincue d'avance que, tant qu'il restera sur ma tête un de mes cheveux blancs, je ne souscrirai à aucune convention qui pût ou ternir votre gloire, ou me rendre parjure à mes devoirs, et au serment que j'ai fait à la patrie en acceptant l'honneur de vous commander. »

Signé Abdallah Jacques Menou.

Cette pièce, qui était un monument de honte pour le chef qui l'avait signée, donnait certainement au brave Cavalier le droit de l'appeler à son retour en France devant un conseil de guerre, pour le forcer à y réparer publiquement son honneur attaqué ; mais comme il vit que tout le monde lui avait rendu justice, que Menou avait attiré sur lui le plus souverain mépris ; que Bonaparte avait pris celui-ci sous sa protection spéciale, il se tut.

Arrestation des généraux et leur départ pour France.

La nuit qui avait précédé le départ de Cavalier d'Alexandrie, c'est-à-dire, du 23 au 24 floréal (13 au 14 mai), avait été signalée par un acte de despotisme bien plus extraordinaire que l'ordre du jour dont je viens de parler. A St.-Jean d'Acre, les soldats disaient hautement que si Kléber avait commandé à la place de Bonaparte, ils n'auraient pas essuyé autant de malheurs. A Alexandrie, ils s'accusaient de n'avoir pas forcé Reynier à prendre le commandement, et de l'avoir laissé à un ignorant pétri d'amour-propre. Son général dévoué, Destaing, rapportant ces propos à Menou, excitait sa haine contre Reynier. Fécond en projets, il lui conseilla de le faire arrêter pendant la nuit, ainsi que le général Damas, l'adjudant-général Boyer, l'inspecteur aux revues Daure, et de les faire partir secretement pour France. Menou, saisissant avidement cette idée, chargea Destaing de la mettre à exécution; mais celui-ci, craignant un soulèvement, crut devoir développer un grand appareil dans cette expédition. Il réunit en conséquence trois cents hommes d'infanterie, cinquante hommes de cavalerie, une pièce de canon, des sapeurs, etc., et avec ce corps d'armée il marcha avec bravoure pour aller faire le siége de la maison du général Reynier, qui, ne se doutant de rien, reposait tranquillement. La maison ayant été bien investie de toutes parts, le chef de bataillon Novel, aide-de-camp du général Menou, entra dans la chambre de Reynier, à qui il notifia les ordres qu'il avait reçus de le conduire à bord d'un bâtiment prêt à mettre à la voile pour France. Reynier, étonné d'un pareil ordre, se mit à une table, et écrivit au général en chef une lettre dans laquelle il se plaignait de sa conduite indécente envers lui; il lui faisait connaître son intention d'en appeler en France à la justice du gouvernement, et de provoquer la formation d'un conseil de guerre. Il finissait par donner au général Menou les conseils que la prudence et l'intérêt vif qu'il portait à l'armée lui inspiraient; après quoi il fit ses malles, et se rendit à bord du brick *le Lody*, où il fut embarqué avec l'adjudant-général Boyer.

MM. Damas et Daure furent mis sur l'aviso *le Good Union;* celui-ci, porteur de la succession de Kléber, dont Damas était dépositaire, fut pris par les Anglais à la hauteur de Candie, quelques jours après sa sortie. *Le Lody* arriva à Nice le 9 messidor (28 juin).

Ces généraux ne furent pas seuls l'objet de ces abus de pouvoirs, disons mieux, de ces actes de démence. Il était un corps dans l'armée

mée qui s'était acquis l'estime générale; ce corps avait partagé avec enthousiasme les peines et les dangers du soldat; il s'était associé à sa gloire; il était honorable pour lui que les derniers moments de son existence en Egypte fussent marqués par sa constance et son courage dans les dégoûts et les humiliations dont le général Menou ne cessa de l'abreuver, et qui, dans ces derniers moments surtout, furent tels qu'on ne peut attribuer la conduite désordonnée de ce chef qu'au trouble dans lequel sa position fâcheuse l'avait mis: ce corps est celui de la commission des Sciences et Arts. Le lecteur pardonnera, je l'espère, à un de ses membres, d'interrompre un instant la narration des événements militaires, pour l'intéresser en faveur de quelques hommes malheureux à cette époque, mais qui ont bien reçu à leur retour le dédommagement de leurs peines et de leurs malheurs, dans l'accueil qu'ils ont trouvé parmi leurs compatriotes; le prix que l'Europe entière à mis aux travaux, et aux recherches dont ils ont donné les résultats dans le monument que le gouvernement à élevé à la gloire du peuple égyptien, est leur plus belle récompense.

CHAPITRE III.

Détails sur la Commission des Sciences et Arts.

Position des membres de la Commission.

IMMÉDIATEMENT après la bataille du 30 ventose (21 mars), qui avait décidé du sort de l'Egypte, on apprit au Kaire l'arrivée de l'armée du Grand-Visir à travers le désert, tandis que l'armée française et son général en chef restaient à Alexandrie. Les membres de la commission des Sciences et Arts s'empressèrent de demander la permission de rejoindre le quartier-général, leur place naturelle, surtout dans les moments difficiles. Le général Menou ordonna, au contraire, qu'ils se renfermassent dans la citadelle du Kaire, et fit arrêter, pour être renvoyés à Rahmaniéh, quatre ou cinq d'entre eux qui se trouvaient en ce moment à Alexandrie, pour des recherches dont ils avaient été chargés. Ils obéirent tous à ces ordres, et ils se transportèrent à la citadelle avec les autres Français, qui auparavant étaient épars dans les divers quartiers du Kaire.

Cependant la peste qui s'était déclarée dans

cette capitale dès le mois de nivose (janvier), mais qui n'avait fait jusqu'à la fin de ventose (mars) que des progrès assez lents, s'était développée dans la première quinzaine de germinal (fin de mars) avec une force épouvantable. Elle fit depuis cette époque des ravages effrayants, et la maladie prit un caractère grave: les Turcs assuraient qu'elle était aussi forte que la fameuse peste de 1791, surnommée la peste d'*Ismaël-Bey*. Il mourait dans les derniers jours de mars environ cent Turcs par jour, et dix à douze Français. Ce nombre se trouvait ainsi considérablement augmenté, puisqu'il était le même quelques jours auparavant que l'armée entière était rassemblée au Kaire. Les jours suivants, c'est-à-dire vers la mi-avril, la peste fit des progrès très-rapides, et tels que dans la journée du 22 germinal (12 avril), on compta neuf cents Turcs morts et cent cinquante Français attaqués. Les troupes restées au Kaire perdirent, pendant le mois de germinal, environ cinq cents hommes. Cependant, grâces aux soins et au courage du médecin en chef Desgenettes et de ses intrépides collaborateurs, il mourait à peine un tiers des Français, lorsqu'ils étaient dociles à ses conseils. La maladie attaquait subitement, et on se trouvait en un instant passer par tous les degrés. Souvent le malade n'avait pas le temps de rentrer chez lui, et succombait dans les rues à la force du mal dont les symptômes, plus ou moins caractérisés, se voyaient sur toutes les personnes que l'on rencontrait. Les uns étaient abattus par des maux de tête violents; les autres, appuyés sur les murs, rejetaient ce que leur estomac déjà attaqué repoussait au dehors; ceux-ci étaient arrêtés par l'irruption subite de l'humeur empoisonnée dans les parties affaiblies de leur corps. Tous enfin portaient sur leur figure des taches livides et charbonneuses, ou les marques d'un malaise général. Les rues et les places publiques étaient continuellement encombrées par des convois, pêle-mêle avec des mourants, qui n'avaient plus la force de laisser libre le passage pour les morts.

Ils descendent à Alexandrie.

Tel était le tableau affreux de la ville du Kaire, en butte à deux terribles fléaux, la peste et la guerre, lorsque les membres de la commission des Sciences et Arts, justement alarmés de cette position critique, prirent la résolution de se soustraire à des dangers aussi imminents, en quittant la ville et en se rendant à Alexandrie, qui, cette année, était exempte de la contagion. Déjà quelques-uns avaient succombé à la maladie, tous avaient vu mourir autour d'eux les domestiques du pays qui leur étaient attachés, lorsqu'enfin, malgré les ordres du général Menou, ils demandèrent et obtinrent du général Belliard la permission de profiter de l'escorte d'un convoi de vivres pour se rendre à Alexandrie; ils s'embarquèrent le 16 germinal au soir (6 avril), et arrivèrent le 21 (11 avril) à Rahmaniéh; où il commencèrent à éprouver les effets des dispositions du général Menou envers eux.

Le chef de brigade Lacroix, commandant de ce fort, voulut les y retenir sous le ridicule prétexte qu'ils ne seraient que des bouches inutiles à Alexandrie. Le général en chef avait en effet donné l'ordre à tous ceux désignés sous cette dénomination vague de sortir de la place assiégée; mais cet ordre n'avait porté que sur huit à dix Français déjà munis de leur passeport, et qui attendaient le départ d'un bâtiment pour France. Aucun Musulman n'y avait été assujéti. Le commandant Lacroix, croyant que les dégoûts et les humiliations étaient la conséquence naturelle d'un pareil ordre, ne les épargna pas aux membres de la Commission. Quelques soldats, autorisés par l'exemple de leur chef, se portèrent à des voies de fait qui pouvaient entraîner les conséquences les plus fâcheuses; mais il s'en trouva parmi eux qui, ne partageant point les erreurs de leurs camarades, furent assez généreux pour faire avorter leurs desseins. Tout à coup, au milieu de la nuit du 21 au 22, plusieurs des membres de la Commission furent réveillés, et reçurent l'avis qu'on avait formé le projet de les dépouiller. On ignorait que la plus grande et la plus précieuse partie de leurs effets consistait dans les collections qui leur avaient coûté trois ans de peines et de dangers continuels; celui qu'ils coururent en cet endroit ne fut pas un des moindres. Tout le monde fut à l'instant sur pied, et le projet ne fut pas exécuté. Cependant une caisse tomba sous la main de quelques soldats avides qui, croyant à son poids qu'elle renfermait des objets de prix, la mirent en pièces; ils furent fort étonnés de n'y trouver qu'une collection de minéraux qu'ils dispersèrent avec dépit. M. Rozières, possesseur de cette collection, eut les plus grandes peines à en rassembler les matériaux.

Le commandant Lacroix ne voulait toujours pas laisser partir les membres de la Commission, lorsque, heureusement pour eux, M. Cavalier, chef de brigade des dromadaires, officier instruit, plein d'honneur et d'un mérite des plus distingués, arriva le même jour, venant de pousser une reconnaissance devant l'ennemi. Honteux de voir un militaire, un chef de corps méconnaître ainsi les droits qu'avaient si bien acquis les membres de la Commission à la bienveillance de l'armée, et se croyant obligé de réparer les torts que l'on avait envers eux, il les prit sous sa protection, et s'engagea à les escorter lui-même jusqu'à Alexandrie. Ils partirent en effet le 23 germinal au matin (13 avril). Faute de moyens suffisants de transports, ils avaient trop chargé leurs chameaux, qui eurent les plus grandes peines à traverser la vallée de Mariout, ce qui endommagea quelques collections. Ils arrivèrent à Alexandrie le 24 au soir (14 avril).

Le général en chef fut très mécontent de leur arrivée, et parla même de les faire repartir sur-le-champ pour Rahmaniéh. Il donna en conséquence l'ordre de les empêcher d'entrer. Ils passèrent la nuit sous les murs de la ville; mais, soit qu'il changeât d'idée, soit qu'il voulût se donner le temps de la mûrir, il se contenta d'ordonner qu'ils fussent tous mis en quarantaine. Cette mesure n'avait jusque-là été employée pour aucun de ceux qui venaient du Kaire, et depuis, elle n'a plus été pratiquée; elle peut cependant être justifiée, puisque M. Lerouge, littérateur, mourut le second jour, ainsi que quelques domestiques qui l'avaient accompagné.

Ils obtiennent la permission de partir pour France.

Les membres de la Commission furent enfin reçus dans la ville après cinq jours de quarantaine, et parvinrent après un mois de discussions, et lorsque l'ennemi était déjà au cœur de l'Egypte, à arracher du général Menou la permission de partir pour France. Ce ne fut que le 23 floréal (13 mai) que cette permission fut donnée, et il est à remarquer que ce fut dans la nuit suivante que se fit l'arrestation des généraux dont j'ai parlé; mais, quoique Menou eût donné sa parole, il chercha les jours suivants divers prétextes pour l'éluder ou au moins pour l'éloigner. On lui fit remarquer qu'il serait convenable de prévenir l'amiral anglais du départ, afin qu'il n'y mît point d'obstacle, ce qui assurerait au moins à la France la possession des collections précieuses et des matériaux qu'avaient recueillis les membres de la Commission. Il se refusa obstinément à cette démarche, et défendit que jamais on lui en parlât. Il exigea ensuite que chacun lui laissât ses collections, les dessins, tous les manuscrits, et les notes ou renseignements sur l'Egypte. Sur le refus absolu de livrer les collections et les dessins, il consentit à n'exiger que les cartes, plans, nivellements et mémoires sur ces objets. Les ingénieurs, que depuis un an, il affectait de séparer de la Commission, lui abandonnèrent leurs plans et mémoires. Enfin il exigea que chacun déclarât par écrit qu'il n'emportait rien qui pût intéresser la situation politique et militaire de l'Egypte. Cette déclaration fut suivie d'un procès-verbal de remise de tous les objets qu'il avait exigés, et il délivra enfin un passeport nominatif le 16 prairial (5 juin). Le même soir tous les membres de la Commission, au nombre de quarante-huit, couchèrent à bord du brick *l'Oiseau*, du port de deux cent quarante tonneaux, armé de quatre canons, capitaine Murat.

Contrariétés qu'ils éprouvent à cet égard.

Tout le monde sait dans la Méditerranée, et le général Menou ne l'ignorait pas, que, depuis la fin de juin jusqu'à la fin de septembre, il ne se présente pas un seul moment favorable pour sortir du port d'Alexandrie sans être vu, lorsque des ennemis barrent le port. Le vent constant du nord-ouest qui règne pendant ce temps rend absolument impossible une sortie de nuit; et dans l'hypothèse où l'on parviendrait à s'échapper, les traversées ne peuvent alors être moindres de 60 à 70 jours; ce qui multiplie d'autant les dangers de la navigation, lorsque tout est ennemi. Il restait encore 15 jours pendant lesquels il y avait à espérer quelques moments favorables : aussi s'en est-il présenté plusieurs; les membres de la Commission se sont toujours mis à même d'en profiter : mais quel était leur étonnement de voir toutes les fois arriver sur leur bord des ordres supérieurs qui les forçaient de rester. Deux fois les voiles furent déployées, et deux fois des incidents nouveaux empêchèrent de partir.

Depuis 35 jours, les membres de la Commission vivaient dans cette incertitude et ces contrariétés journalières. Ils étaient entassés dans un petit bâtiment où ils éprouvaient tous les désagréments de la mer, sans voir le terme de leurs maux, lorsqu'ils eurent connaissance de la convention du Kaire, dont l'article XI portait : « Qu'ils jouiraient des avantages stipulés pour les troupes françaises ; » ils pensèrent dès-lors devoir en jouir. En conséquence, ils envoyèrent au général Menou une députation composée de MM. Corancez, Delille et Geoffroy, pour lui communiquer leurs idées sur le départ, et lui demander les moyens de le faciliter. Ils sous-entendaient par là une communication officielle avec l'amiral anglais. Le général Menou reçut très-bien les commissaires, eut l'air d'entrer dans leurs idées, et remit à M. Geoffroy une bague pour la porter de sa part à madame Bonaparte. Cependant il ne parlementa point avec les Anglais, mais il donna le 22 messidor (11 juillet), au préfet maritime, l'ordre formel de laisser sortir le Brick *l'Oiseau*, quand bon lui semblerait.

Cependant l'idée nouvelle pour Alexandrie de voir sortir tranquillement en plein jour un bâtiment du port, et surtout dans les circonstances critiques où la ville se trouvait, fit craindre aux membres de la Commission de laisser des impressions fâcheuses dans l'esprit des Français qui défendaient cette ville. En conséquence M. Fourrier se rendit avec le capitaine du Brick chez M. Richer, commandant d'armes, pour lui communiquer leurs scrupules et lui demander son avis à ce sujet. Celui-ci leur répondit : « Que d'après les ordres du général en chef, ils étaient libres de sortir, même à midi, et que personne n'y pouvait trouver à redire. » M. Fourrier et le capitaine du Brick le prévinrent alors qu'ils mettraient à la voile, le lendemain 23, à la pointe du jour, et ils le prièrent de faire avertir les avisos ainsi que les batteries de la côte préposées à la garde des passes, pour les laisser sortir; ce qu'il promit et fit effectivement. Ils rencontrèrent ensuite le préfet maritime, M. Leroy, qui leur répéta ce qu'avait dit le commandant. D'après cela, toutes les dispositions furent prises dès le 22 au soir pour partir le lendemain; les pilotes des passes couchèrent à bord, mais il s'éleva dans la nuit un vent si violent de nord-ouest, que l'on craignit de ne pouvoir manœuvrer le bâtiment, à la sortie du port, et qu'on jugea convenable d'attendre que le vent fût calmé. Il ne se calma que dans l'après-midi du 25. On renouvela toutes les dispositions du départ pour le 26 au matin. Le commandant d'armes et le préfet ayant été prévenus de nouveau, tous les ordres furent donnés en conséquence.

Ils partent. On commença les manœuvres vers minuit; mais les lenteurs avec lesquelles elles furent exécutées firent que le bâtiment était encore dans les passes au lever du soleil. Les pilotes le quittèrent vers les sept heures du matin; alors le capitaine demanda à tous les passagers, les lettres qui pouvaient leur avoir été remises à Alexandrie, ayant ordre de les jeter à la mer, afin d'ôter aux ennemis toute connaissance de la situation de la ville. Cette mesure fut rigoureusement exécutée. A peine elle était terminée, que le capitaine fit élever au haut du mât de misaine un pavillon Yack anglais, fond bleu. Depuis son premier mouvement dans le port, le bâtiment était en vue d'une corvette anglaise.

Nouveaux surtout ce qui se pratique à la mer, les membres de la Commission regardaient cette manœuvre avec étonnement; et comme le pavillon français restait toujours déployé à l'arrière, ils pensèrent que le capitaine se constituait parlementaire; mais ils ne connaissaient nullement les conséquences de cette démarche. Cependant un sentiment intérieur d'inquiétude à cet égard porta M. Fourrier à prendre le capitaine à part; il le fit descendre dans la chambre, et lui demanda s'il ne pensait pas qu'on pût se formaliser de ce pavillon. Le capitaine lui répondit : « Votre intention n'est-elle pas de communiquer avec l'amiral Keith? » « Oui, lui dit M. Fourrier, nous voulons lui montrer notre passeport.—Hé bien, c'est pour cela (ajouta le capitaine) que j'ai mis pavillon parlementaire. »

Lorsqu'ils furent remontés sur le pont, le bâtiment se trouvait déjà dans les eaux de la corvette anglaise *la Cinthia*, qui, sans égard au pavillon, tira un coup de canon à boulet pour appeler à l'obéissance. On était encore trop près des passes, on ne pouvait pas mettre en panne pour attendre l'Anglais, dans la crainte que la dérive ne jetât sur quelque rocher. Le bâtiment continua sa route vers le nord-est. La corvette n'atteignait point; elle tira un second coup à ricochet, qui dépassa le bâtiment. Le danger des rochers n'étant plus si grand, on diminua de voiles, et bientôt l'ennemi eut rejoint. Il envoya aussitôt son canot avec un officier pour demander le capitaine : celui-ci se rendit auprès de lui avec M. Fourrier; ils communiquèrent à M. Diggs commandant la corvette leurs papiers, ainsi que le désir qu'ils avaient de voir l'amiral. M. Diggs leur dit qu'il allait les conduire à Aboukyr, où il se trouvait. Les deux pavillons français et anglais restaient toujours dans le même état. On arriva à Aboukyr vers les trois heures après midi.

Ils communiquent avec l'amiral Keith.

M. Fourrier, le capitaine du brik français Murat, et le capitaine de la corvette anglaise Diggs, se rendirent aussitôt à bord du vaisseau *le Foudroyant* que montait l'amiral Keith. Le capitaine Diggs lui fit son rapport; M. Fourrier y joignit le passeport du général Menou, et lui manifesta le désir qu'avaient les membres de la Commission de jouir de l'article II de la Convention du Kaire, relatif à leur départ. L'amiral reçut M. Fourrier avec beaucoup d'honnêtetés, il le retint même à dîner avec lui; mais il lui dit que les membres de la Commission ne pourraient jouir de la Convention du Kaire qu'autant que le général Menou l'adopterait en son entier; que ce dernier ne lui avait point fait part de leur sortie, à laquelle il eût peut-être accédé, si elle lui eût été demandée; que l'article relatif à la commission ne concernait que ceux attachés au général Belliard; enfin que, considérant Alexandrie comme une ville bloquée depuis qu'ils avaient fait écouler les eaux de la mer dans le bassin du lac Maréotis, il ne pouvait en laisser sortir aucun individu. En conséquence il donna ordre à M. Diggs de faire rentrer le bâtiment dans le port. Les officiers généraux et surtout sir Sydney-Smith qui revenait du camp, et qui se trouvait chez l'amiral, intercédèrent auprès de lui pour qu'il laissât partir le bâtiment; mais ils ne purent obtenir aucun changement à sa décision, il fallut se soumettre et rentrer. Sydney-Smith profita du retour de *la Cinthia* vers l'escadre qui bloquait le port d'Alexandrie, pour se rendre à bord de son vaisseau *le Tigre*, qui en faisait partie. Curieux de connaître les différents membres de la Commission, il accompagna M. Fourrier jusqu'à bord de *l'Oiseau*, et leur demanda la permission de monter pour leur rendre visite. Il leur fit part lui-même de la décision de l'amiral, en leur répétant plusieurs fois, que s'il avait été maître, comme l'année précédente, ils n'auraient éprouvé aucune difficulté; mais qu'actuellement il ne se mêlait plus de politique, et qu'il se contentait de faire la guerre. Il s'entretint long-temps avec eux de leurs intérêts, et ne les quitta que vers les neuf heures du soir pour retourner à *la Cinthia* avec le capitaine Diggs.

Les Anglais les obligent de rentrer à Alexandrie.

On arriva devant le port, le lendemain 27 dans la matinée : à l'entrée des passes on tira un coup de canon pour demander un pilote. M. Guichard, capitaine de frégate, commandant les avisos chargés de la garde de l'entrée du port, voulut bien en servir lui-même; il se rendit à bord avec son canot, et prit le commandement jusque dans l'intérieur. A moitié chemin du Marabou à la ligne intérieure des frégates, le bâtiment fut joint par le canot de la frégate *la Justice*, qui était venu au devant. Il porta, de la part du commandant de la rade, Villeneuve, un ordre écrit qui enjoignait au capitaine de mouiller à trois encâblures ouest de la frégate *l'Egyptienne*, et de rester consigné à bord jusqu'à nouvel ordre.

Le général Menou ne veut pas les recevoir, et les menace de les faire couler à fond.

Cette mesure ne surprit point d'abord les membres de la Commission, parce qu'ils étaient bien loin de soupçonner que leur conduite pût motiver quelques griefs contre eux. Ils la regardèrent comme une mesure de sûreté relative à la disposition des esprits dans la place; mais ils furent bientôt étonnés du changement du premier ordre en un autre verbal, donné par la frégate *l'Egyptienne*, de mouiller à sa poupe, par le travers de la frégate *la Justice*.

tice. Cette position les mettait sous le feu des batteries de cette dernière. Cet ordre fut exécuté, et on jeta l'ancre sur le midi. L'inquiétude des passagers commençait à se calmer, lorsqu'ils virent arriver dans un canot de *la Justice* le sieur Bagotte, officier de cette frégate qui, sans monter à bord, ayant appelé le capitaine Murat, lui donna à haute voix l'ordre suivant, que chacun entendit :

« Le général en chef vous ordonne d'être à » la voile dans un quart d'heure, sans quoi le » commandant à ordre de vous f.... à fond. »

Il tenait sa montre à la main. « Je suis au désespoir, ajouta-t-il, d'être porteur d'un pareil ordre ; mais c'est mon devoir. » Sur la représentation des passagers, le capitaine demanda que cet ordre lui fût donné par écrit. L'officier répondit, qu'il le transmettait verbalement, comme il l'avait reçu, et qu'il conseillait de mettre à la voile sans délai, parce que les ordres du général en chef seraient exécutés. M. Fourrier lui demanda s'il voulait bien se charger d'une lettre de l'amiral Keith, adressée au général Menou. L'officier répondit, qu'il ne le pouvait point, parce qu'il n'avait pas d'ordre à ce sujet. On vit alors charger les canons à bâbord de la frégate *la Justice.*

Le capitaine Murat réclama les pilotes pour

sortir des passes, et demanda au commandant de *l'Egyptienne* de lui envoyer un câble pour se tenir à la frégate au moment où l'ancre serait levée, afin que le vent, qui était très-fort ce jour-là, ne jetât pas le bâtiment à la côte. Ce ne fut qu'après un très-long-temps que ce câble fut envoyé, et encore se trouva-t-il si mauvais, qu'on fut obligé d'en demander un autre : le temps s'écoulait, les pilotes ne venaient point. Sans aucun égard à toutes ces lenteurs, qui ne dépendaient nullement des passagers, on leur envoya un aspirant de la frégate *la Justice*, pour leur dire qu'il ne restait plus que cinq minutes, après quoi on ferait feu. Le capitaine le chargea de répéter au commandant Villeneuve, qu'il ne pouvait pas partir sans pilotes. Il en fallait deux, le premier arriva ; tous les passagers mirent la main aux cordages pour aider les manœuvres. Le général Menou se promenait pendant ce temps sur le rivage, examinant les mouvements du vaisseau. Vint bientôt un troisième canot portant le même aspirant de *la Justice*, qui dit, qu'on accordait dix minutes de plus; mais que c'était le dernier délai, après quoi on tirerait. Quant au second pilote, il promit qu'il joindrait le bâtiment avant les passes. Ce jeune homme avait les larmes aux yeux en transmettant des ordres aussi rigoureux et aussi barbares. On le chargea de dire au commandant que le retard tenait à la frégate *l'Egyptienne*, qui n'avait point encore envoyé le second câble qu'on lui avait demandé.

Enfin le second pilote arriva, conduit par M. Paul officier de marine chargé par le général en chef lui-même, d'accélérer le départ du vaisseau et de ne le quitter que hors des passes. Le câble de *l'Egyptienne* fut envoyé, et on mit aussitôt à la voile. Le bâtiment était déjà parti, lorsqu'il fut rejoint par un nouveau canot portant le sieur Maurel, officier de la majorité, qui remit aux membres de la Commission la lettre suivante :

Alexandrie, 27 messidor an IX.

Le général en chef de l'armée d'Orient, aux Français embarqués sur le brick l'Oiseau.

Si, au lieu de sortir en plein jour, vous eussiez mis à la voile pendant la nuit; si, au lieu d'arborer le pavillon anglais, ce qui, selon les lois, mériterait à votre capitaine d'être pendu, vous fussiez sortis avec le pavillon français, ou même sans pavillon; si, au moins, vous eussiez essuyé une bordée de coups de canon pour soutenir l'honneur du pavillon français; si, en dernière analyse, au lieu de vous jeter vous-mêmes entre les mains des ennemis, voyant que vous ne pouviez leur échapper, vous fussiez rentrés dans le port neuf, alors je vous aurais reçus comme on doit recevoir des Français.

J'aime, j'estime et j'honore les sciences, et ceux qui les cultivent. J'ai des sentiments plus particuliers encore pour quelques-uns d'entre vous que je connais; mais j'aime, avant tout, l'honneur et la patrie.

J'ai donné ordre pour que vous sortiez à l'instant des port et rade d'Alexandrie.

Signé Abdallah Jacques MENOU.

Il était si aisé de détruire les inculpations ridicules émises dans cette lettre, qu'à l'instant même les membres de la Commission lui firent la réponse suivante :

A bord de *l'Oiseau*, le 27 messidor an IX.

Les citoyens français embarqués sur le brick l'Oiseau, *au Général en chef de l'armée d'Orient.*

CITOYEN GÉNÉRAL,

Nous exécutons l'ordre inattendu qui nous a été signifié, en même temps que le refus de nous écouter. La menace militaire de couler bas un bâtiment qui porte cent Français dans un port national, et dont nous avons vu préparer l'exécution, ne nous a point laissé le choix du parti que nous avions à prendre.

Vous nous avez adressé la permission de sortir du port quand bon nous semblerait, et le résultat de votre conversation avec nos commissaires a été que, ne pouvant vous-même traiter de notre départ, vous nous laissiez le soin de veiller à notre sûreté.

Comme il nous restait quelque incertitude sur l'heure à laquelle cette permission pouvait s'appliquer, on consulta le chef des mouvements militaires. Ce dernier répondit au capitaine, qu'aux termes de vos ordres, nous pourrions sortir même à midi. Nous avions prévenu la veille le préfet de la marine et le chef des mouvements que nous nous proposions d'appareiller deux heures avant le jour. On a commencé les préparatifs à minuit; la lenteur des manœuvres et la force de la mer ne nous ont permis de sortir des passes qu'au lever du soleil; les bâtiments qui les gardent n'ont manifesté aucune opposition. Nous sommes sortis du port d'Alexandrie avec le pavillon français, nous l'avons conservé jusqu'à notre retour, et sans aucune interruption au milieu de l'escadre ennemie; menacés par une corvette anglaise qui nous a tiré deux coups de canon à boulet, le capitaine a jugé convenable de faire hisser le pavillon anglais, et il a répondu aux questions qui lui ont été faites à ce sujet, que son but était, 1°. de jouir de l'avantage de garder le pavillon national; 2°. de conserver le bâtiment à la république, en cas de non succès des démarches que nous nous trouvions alors obligés de faire.

Telle est, Citoyen général, la réponse du capitaine. Notre dessein était de présenter votre passeport aux nations ennemies, et vous le regardiez comme devant nous servir de garantie contre les dangers de la guerre. L'amiral anglais ne l'a point considéré sous le même point de vue, et il a principalement objecté qu'il n'avait reçu, à cet égard, aucune lettre de vous. Nous voulions vous faire, à ce sujet, un rapport détaillé qui contient des circonstances très-importantes; nous avons été obligés de rentrer dans le port d'Alexandrie. L'ordre qui nous est donné d'en sortir nous expose au plus extrême péril.

L'honneur et la patrie nous sont chers aussi, Citoyen général, ils nous le sont plus encore que les sciences que nous cultivons; c'est notre dévouement, c'est une confiance sans réserve, qui nous ont placés dans les circonstances extraordinaires et terribles où nous sommes à cette heure. Ceux d'entre nous qui échapperont à d'aussi grands dangers n'auront besoin d'aucune justification; ils seront approuvés par la nation entière.

Salut et respect.

Signé tous les membres de la Commission.

Ils retournent à l'escadre anglaise.

On pria M. Paul de remettre lui-même cette réponse, ainsi que la lettre de l'amiral Keith, ce qu'il fit avec plaisir. Il était environ cinq heures du soir lorsqu'il quitta le bâtiment hors des passes. Ce dernier fut rejoint à l'entrée de la nuit par la corvette anglaise *la Cinthia*. L'inquiétude des passagers avait été jusque-là, que cette corvette n'eût ordre de l'amiral de s'opposer, à coups de canon, à leur sortie du port, s'ils se présentaient de nouveau; mais ils furent bientôt tranquillisés par un coup de fusil qu'elle leur tira pour les appeler de nouveau à l'obéissance. On exécuta les mêmes manœuvres que la première fois : seulement le capitaine Diggs mit à bord de *l'Oiseau* un officier et dix matelots anglais, qu'il chargea de la conduite du bâtiment. On croisa toute la nuit devant le port, et on arriva le lendemain matin 28 vers l'escadre en croisière. MM. Fourrier, Thévenin et Murat se rendirent à bord de *l'Ajax*, que commandait le contre-amiral sir Richard Birkerton. Ils lui communiquèrent le passeport du général Menou, et lui firent une courte exposition des faits qui s'étaient passés la veille. Le contre-amiral crut devoir en référer à l'amiral; il ôta les matelots anglais qui étaient à bord, et donna ordre au brick *le Kangouro*, qui venait de Malte, d'accompagner le bâtiment français à Aboukyr. Le commodore Sydney-Smith revint encore voir les membres de la commission dans l'intention de prendre d'eux-mêmes une connaissance plus particulière des faits qu'avaient rapportés les trois commissaires. Après les avoir entendus confirmés de la manière la plus positive par tous les passagers, il écrivit en leur présence une lettre à l'amiral, pour l'engager à laisser les membres de la Commission rejoindre le corps de troupes qui descendait du Kaire, et il rendit le capitaine du *Kangouro* porteur de cette lettre; après quoi il retourna à son bord, en recommandant aux passagers la constance, moyen efficace, disait-il, de venir à bout des affaires les plus difficiles. Vous vous trouvez, ajouta-t-il, placés entre l'enclume et le marteau (désignant par là le général Menou et lord Keith); avec de la constance vous les fatiguerez. Ne quittez pas l'amiral que vous n'ayez obtenu ce que vous désirez.

On fit de suite route sur Aboukyr, où on arriva vers les six heures du soir, et on mouilla avec le brick anglais assez proche de l'amiral. Bientôt après, les deux commissaires Fourrier et Thévenin se rendirent auprès de lui, et lui exposèrent la nouvelle position des passagers. Il leur répondit d'une manière assez sèche : Il est indispensable, messieurs, que vous rentriez dans Alexandrie. Sur l'observation de M. Fourrier, que l'ordre du général Menou les mettait dans l'impossibilité de rentrer, il parut se relâcher de sa fermeté, et répondit qu'il était étonnant que le général Menou voulût donner des ordres à son escadre; qu'au reste, il lui écrirait, et éclaircirait lui-même cette affaire. Il donna rendez-vous à M. Fourrier pour le lendemain matin huit heures.

MM. Fourrier, Thévenin, Lepère et Murat se rendirent le lendemain 29 à bord de l'amiral à l'heure désignée; mais celui-ci refusa de les recevoir, malgré leurs instances. On ne leur permit pas même de monter; on leur remit une lettre adressée au général Menou, et on les assura qu'on transmettait à M. Birkerton les instructions necessaires pour décider de leur sort.

On les menace de les jeter à la côte s'ils ne rentrent pas.

Les membres de la Commission rejoignirent le contre-amiral le lendemain 30 dans la journée. Après que le brick anglais lui eut remis ses dépêches, il s'empressa de leur donner connaissance des ordres qu'il recevait de l'amiral. Ils portaient que, sur le refus du général Menou de laisser entrer le brick *l'Oiseau* dans le port, ou sur l'opposition formelle que feraient les passagers de rentrer, le contre-amiral saisirait la première occasion favorable de les débarquer à la côte, le plus près possible d'Alexandrie, avec tous leurs effets, et brûlerait ensuite le bâtiment. MM. Fourrier et Thévenin obtinrent de M. Birkerton l'assurance qu'il leur communiquerait la réponse du général Menou avant d'exécuter l'ordre de l'amiral. Il leur offrit même de les prendre à son bord, ainsi que le capitaine Murat, s'ils étaient forcés de rentrer. Ce dernier, et M. Thévenin qui n'était point membre de la Commission, acceptèrent dans cette hypothèse. M. Fourrier répondit qu'il devait suivre le sort de ses camarades. Le brick fut alors remis à la garde de la corvette *la Cinthia*, qui fut chargée d'aller parlementer à Alexandrie, et de revenir à la croisière quelle que fût la réponse. M. Diggs parlementa dans la journée du 1er thermidor (20 juillet); mais les Français ne purent en connaître le résultat que dans la journée du 2. Le général Menou annonçait à l'amiral que les ordres étaient donnés pour que le brick fût reçu dans le port; le laconisme sévère de sa lettre, bien loin de calmer les inquiétudes des membres de la Commission sur les suites de leur rentrée, réveilla au contraire les craintes du péril extrême qu'ils avaient couru la première fois, et ils firent ce qu'ils purent pour tenter encore une démarche auprès de l'amiral.

Cependant M. Birkerton, malgré le vif intérêt qu'il avait témoigné prendre à la position critique où se trouvaient les membres de la Commission, ne put s'empêcher de suivre les ordres qui lui étaient donnés, et il chargea en conséquence le capitaine Diggs de débarquer les passagers à la côte, s'ils refusaient de rentrer; mais on leur laissa ignorer encore cette décision.

Le brick français reçut le 3 au soir l'ordre de suivre de nouveau la corvette anglaise. On se trouvait dans ce moment à la hauteur de la tour des Arabes, à dix lieues ouest d'Alexandrie.

Toutes ces contrariétés, et l'anxiété dans laquelle on se trouvait depuis long-temps, avaient fortement aigri les esprits; et l'intérêt fit bientôt éclater une mésintelligence entre le capitaine Murat et M. Thévenin d'une part, et les membres de la Commission de l'autre. Le capitaine se croyait vivement compromis, et accusait ces derniers de l'avoir entraîné dans les démarches que le général Menou avait érigées en crime. Il se voyait donc forcé de demander asile aux Anglais: d'un autre côté, le bâtiment étant assuré par le gouvernement français, le capitaine craignait que s'il ne rentrait pas, comme l'ordonnait le général en chef, cet acte ne rompît l'assurance, et qu'on ne considérât l'incendie du bâtiment comme étant seulement de son fait. Il voulait donc se retirer chez les Anglais; mais il voulait que les officiers en second ramenassent le vaisseau dans le port, à défaut de quoi il exigea que les membres de la Commission prissent à leurs risques et périls l'assurance du gouvernement. Cela entraîna quelques discussions assez vives, et cependant on souscrivit à tout ce qu'exigea le capitaine.

Beau trait de sir Sydney-Smith pour les sauver.

Pendant ce temps, on faisait route sur Alexandrie, et la nuit était déjà entièrement close depuis plus de deux heures, lorsqu'on apperçut à la terre plusieurs coups de feu, et au grand étonnement des passagers de l'*Oiseau*, on reconnut qu'ils partaient d'un grand canot à la voile, qui s'approcha de la corvette anglaise, et un instant après se dirigea vers le bâtiment français : leur étonnement s'accrut encore bien davantage lorsqu'ils virent que c'était le grand canot du *Tigre*, et Sydney-Smith seul dedans. On apprit de lui les ordres qui avaient été donnés à la corvette. « J'ai obtenu, dit-il, du contre-amiral un sursis à l'exécution de ces ordres, et je n'ai pas balancé alors, ajouta-t-il, de venir moi-même vous chercher pour vous ramener à l'escadre. C'est toujours du temps de gagné, et nous en profiterons pour référer encore s'il est possible à l'amiral Keith. »

La nouvelle que M. Smith venait d'apporter avait tellement énervé le courage, et la consolation qu'il y joignait parut si généreuse, que les passagers le regardèrent comme leur sauveur, et s'épuisèrent en expressions de la plus vive reconnaissance.

Cette action était le complément de la conduite grande et loyale que cet officier anglais avait tenue pendant toute la campagne ; il aurait voulu certainement recevoir à son bord tous les membres de la Commission ; mais il ne pouvait contrevenir aussi formellement aux ordres d'un amiral, avec lequel les circonstances l'avaient mis en opposition. Il fit seulement entrevoir l'espérance qu'il trouverait quelque moyen d'empêcher le bâtiment de rentrer ; et comme il comptait s'appuyer sur l'opposition des passagers, il désira savoir si tous étaient du même avis, afin qu'il ne s'en trouvât pas quelqu'un qui pût entraver ses démarches. Pour lui prouver que ses craintes étaient mal fondées, M. Fourrier interpela ainsi tout le monde à haute voix : « Citoyens, votre intention formelle est-elle de ne pas rentrer à Alexandrie ? » Tous répondirent par oui. « S'il y a quelqu'un, ajouta-t-il, parmi les passagers qui veuille rentrer, qu'il se présente. » Personne ne se présenta. Cette démarche ne parut pas encore suffire à M. Smith ; il en désirait une écrite, mais on s'y refusa. Déjà il avait donné ordre de rejoindre la croisière, et de s'attacher au *Tigre* ; il était onze heures du soir lorsqu'on y arriva, la lune était couchée et la nuit très-noire ; ce qui fit qu'on ne put reconnaître le *Tigre*. M. Smith se prépara donc à passer le reste de la nuit à bord du vaisseau français ; on lui disposa un lit sur le pont. Cependant voulant, avant de se coucher, s'assurer encore si son plan de conduite ne serait nullement contrarié, il s'adressa au capitaine Murat, en lui disant : « Et vous, capitaine, votre intention est-elle aussi de ne pas rentrer ? » « Quant à moi, répondit Murat, je ne rentrerai pas, mais j'exige que le bâtiment rentre ; il y a des officiers à bord qui le conduiront. » Cette réponse étonna singulièrement M. Smith, et rompit toutes les mesures qu'il se proposait de prendre; elle le rejeta dans un nouvel embarras de recherches. Il ne put s'empêcher d'en témoigner son mécontentement au capitaine et au sieur Thévenin, qui avait pris fait et cause pour lui.

Désordres à bord du bâtiment sur lequel ils étaient.

Les membres de la Commission, désespérés d'un tel incident, leur déclarèrent alors que, puisqu'il en était ainsi, ils ne souffriraient pas que personne sortît du bâtiment pour se sauver ailleurs; tout le monde devait courir les mêmes chances et rentrer ensemble à Alexandrie. Les autres officiers du bord prirent parti contre eux, et entraînèrent bientôt le reste de l'équipage, qui se voyait lâchement abandonné par son capitaine; ils promirent tous qu'ils s'opposeraient, dès ce moment, à ce que personne sortît. Cette décision qui rompait les précautions qu'avaient prises les deux fugitifs pour leur sûreté, les effraya singulièrement, et ils se radoucirent bientôt. M. Smith, ayant de son côté besoin de repos, alla se jeter sur le lit qui lui avait été préparé, et tout devint calme vers les deux heures du matin. Cependant quelques-uns des passagers, craignant qu'on ne profitât de la nuit pour s'enfuir, résolurent de la passer sur le pont.

Le lendemain, dès la pointe du jour, M. Smith

se réveilla, et bientôt les discussions s'engagèrent. Le capitaine déclara à haute voix que, conformément aux ordres de l'amiral Keith, et à la permission du général Menou, il exigeait que le bâtiment rentrât dans le port d'Alexandrie. Les membres de la Commission répondirent qu'ils ne voulaient pas rentrer dans l'instant, parce qu'ils voulaient attendre une nouvelle décision de l'amiral.

Le capitaine dressa alors procès-verbal de cette opposition ; se tournant ensuite vers les officiers et son équipage, il leur dit qu'il paraissait que les passagers voulaient s'opposer par la force à ce qu'il fît son devoir, et il leur demanda s'ils étaient prêts pour le seconder à repousser la force par la force. M. Cartier, second capitaine, lui répondit pour les officiers et l'équipage, qu'on ne ferait rien que par ses ordres, et qu'on lui obéirait en tout, parce que sur lui seul devait peser toute la responsabilité. Murat ordonna au timonier de mettre le cap sur Alexandrie ; quelques-uns des membres de la Commission se portèrent à la barre pour s'y opposer ; mais bientôt l'attention fut attirée d'un autre côté par une nouvelle scène.

Le sieur Thévenin, d'accord avec Murat, voyant pendant la discussion qu'on s'était relâché de la garde de l'échelle, s'empressa d'en profiter pour descendre dans le canot de M. Smith avec deux jeunes gens à sa suite, et plusieurs malles. M. Fourrier, qui s'en apperçut, se porta aussitôt vers l'échelle pour les faire retourner; les matelots préposés à la garde accoururent, et croyant d'abord que M. Fourrier voulait s'enfuir, ils l'arrêtèrent avec violence. Plusieurs membres de la Commission vinrent bientôt l'arracher de leurs mains, et dans ces mouvements violents, il tomba de dessus le pont dans le canot. Dès ce moment la confusion devint extrême sur le bâtiment, tout le monde crut que c'était un sauve qui peut: les uns s'élancèrent de dessus le pont, pour suivre M. Fourrier; d'autres se portaient à la proue, et se disposaient à quitter leurs vêtements pour se sauver à la nage. Au même instant, on entendit à l'arrière ce cri d'alarme: *A la Sainte-Barbe, on va mettre le feu aux poudres!* La terreur se peignit aussitôt sur toutes les figures. M. Smith était encore à bord; il crut qu'on avait réellement le projet de faire sauter le bâtiment; il demanda avec les plus vives instances un pavillon pour le faire hisser en berme, afin de faire connaître à son vaisseau l'état de détresse dans lequel il se trouvait. Voyant qu'on ne le servait pas assez promptement

tement, il détacha d'autour de son cou un schal de cachemire, afin de l'élever en guise de pavillon; mais il s'apperçut bientôt que c'était insuffisant; il dit néanmoins avec beaucoup de calme à quelques-uns des membres de la Commission qui l'entouraient : « Il paraît, » messieurs, que vous voulez me faire faire le » grand voyage avec vous, j'y suis prêt. »

Bientôt cependant les esprits furent tranquillisés par l'assurance que l'on vint donner que les poudres étaient en sûreté, et qu'il n'y avait rien à craindre; la cause de ce cri d'alarme provenait de ce qu'un officier de quart, nommé *Lefeu*, craignant que le capitaine qu'on voulait forcer de rester à bord ne se portât à un acte de désespoir, ordonna au maître canonnier de se rendre à la Sainte-Barbe pour veiller aux poudres; le canonnier s'y transporta promptement, en répétant à un de ses camarades l'ordre qu'il venait de recevoir, et nommant celui qui le lui avait donné : il fut mal entendu, et on crut qu'il allait mettre le feu aux poudres. M. Smith voulut faire valoir cette circonstance, qui lui avait donné l'assurance que personne ne voulait rentrer, pas même les officiers, ni l'équipage : « J'espère, ajouta-t-il, que l'amiral Keith se rendra aux bonnes raisons que le contre-amiral et moi lui donnerons. »

Il passa alors à bord de *l'Ajax* avec ceux qui se trouvaient dans son canot, et il fit à M. Birkerton un rapport détaillé de ce qui s'était passé sous ses yeux dans la nuit et le matin. Il lui fit ainsi partager l'intérêt qu'il prenait aux membres de la Commission. Ce contre-amiral dit à MM. Fourrier et Murat, qui étaient montés seuls, qu'il allait écrire de nouveau à lord Keith, pour l'engager à changer son premier ordre. Il les invita à en attendre tranquillement la réponse, et les renvoya à leur bord, qu'il remit à la garde d'une goëlette pour suivre jusqu'à nouvel ordre les mouvements de l'escadre.

Le général Menou consent à les recevoir à Alexandrie.

Pendant qu'il était occupé à faire ses dépêches, on vit arriver la corvette *la Cinthia* portant une lettre d'Alexandrie. C'était une note du général Menou pour le contre-amiral Birkerton. Il lui marquait son étonnement de ce que, nonobstant la permission qu'il avait donnée au brick *l'Oiseau* de rentrer dans le port, il n'était pas encore rentré. On la communiqua sur-le-champ aux passagers français par un officier de *la Cinthia*, en leur demandant si cette nouvelle pièce n'était pas de nature à leur ôter toute inquiétude. Les termes extrêmement modérés de cette lettre, et l'intérêt que le général Menou affectait de prendre aux membres de la Commission, firent aussitôt dissiper toutes les craintes qu'on avait à ce sujet. Ils eussent tous bien voulu que la première lettre eût été conçue dans des termes aussi rassurants, ou bien que cette dernière eût été communiquée la veille. Chacun désirait rentrer dès ce moment ; mais ce qui s'était passé depuis vingt-quatre heures avait mis tout le monde trop en avant ; quelques-uns se croyaient assez vivement compromis pour craindre les suites d'une affaire sérieuse, qu'il était à présumer que le général Menou entamerait dès la rentrée du bâtiment ; d'un autre côté, les rapports de MM. Birkerton, et Smith laissant encore espérer que l'amiral permettrait enfin aux membres de la Commission de se rejoindre aux Français à Rozette, ou de continuer leur route pour France, ils prirent, par ces motifs, la résolution de ne pas rentrer avant la réponse de l'amiral. M. Birkerton leur fit dire qu'il attendrait cette réponse, et il expédia aussitôt ses dépêches à Aboukyr.

Les vents contraires, et diverses autres circonstances assez ordinaires à la mer, retardèrent pendant quatre jours les derniers ordres de lord Keith, et ces quatre jours étaient quatre siècles pour les membres de la Commission qui, dans un morne abattement, et dans l'an-

16.

xiété la plus cruelle, étaient traînés à la suite de l'escadre en croisière depuis la tour des Arabes jusqu'à Alexandrie, et depuis Alexandrie jusqu'à la tour des Arabes. Inquiets sur le sort qui leur était réservé, ils attendaient en silence que leur arrêt fût prononcé, lorsqu'enfin le 8 thermidor au matin (27 juillet), le contre-amiral appela la goëlette, qui alla recevoir ses ordres; après quoi, elle notifia de sa part au brick *l'Oiseau* qu'il eût à suivre la corvette *la Cinthia*. Cette corvette conduisit le bâtiment jusque devant les passes du port vieux d'Alexandrie, et là le capitaine Diggs envoya un de ses officiers, pour faire savoir aux Français que la réponse de l'amiral était la même que la première fois, et qu'en conséquence il avait les ordres les plus sévères pour les obliger de rentrer sur-le-champ, sans permettre que personne sortît.

M. Smith veut prendre quelques membres de la Commission sur son vaisseau.

Cependant M. Smith, informé de la réponse de l'amiral, et désirant toujours avoir auprès de lui quelques-uns des principaux membres de la Commission, avait envoyé son grand canot avec un jeune officier pour prendre tous ceux qui voudraient se réfugier chez lui. Il arriva à bord en même temps que l'officier de *la Cinthia*, qui avait des ordres directement opposés; mais à peine le premier était arrivé, que MM. Casteix et Pelon s'étaient jetés dans le canot. M. Thévenin s'y élançait, lorsque l'officier de *la Cinthia* l'arrêta. Il s'éleva une légère discussion entre les deux officiers anglais. Celui de la corvette fit à son capitaine, qui se trouvait alors à portée de la voix, part de ce qui se passait : celui-ci donna l'ordre de faire rembarquer tout le monde; mais sur les nouvelles instances et le refus de l'officier *du Tigre*, il les laissa, vu leur petit nombre; le sieur Thévenin eut même la faculté de s'embarquer.

Le capitaine Murat désirait aussi très-vivement s'en aller : par trois fois il demanda à l'officier anglais la permission d'aller parler au capitaine Diggs; elle lui fut constamment refusée. Déjà le canot *du Tigre* avait pris le large : l'officier de *la Cinthia* déclara que si on ne rentrait pas, les passagers ne seraient plus mis à la côte, mais que l'on ferait feu sur le bâtiment. On vit en effet charger alors les canons de la corvette; l'officier anglais qui était encore à bord mit lui-même le cap sur le Marabou, après quoi il descendit et s'éloigna.

La force des circonstances, que les membres de la Commission n'avaient jamais pu commander, leur fit prendre tranquillement leur parti, et rentrer même dans Alexandrie avec un certain plaisir, puisque leur situation dans cette ville, qu'ils partageaient avec leur compatriotes, était encore préférable à l'état d'incertitude et d'anxiété dans lequel ils vivaient depuis plus de deux mois, et surtout dans ces derniers jours.

Ils rentrent tous à Alexandrie.

On mouilla dans l'intérieur du port, vers une heure après midi, et le bâtiment subit une quarantaine d'observation pendant cinq jours. Aussitôt après leur arrivée, le général en chef s'empressa de prévenir les membres de la Commission, qu'il avait donné au préfet maritime l'ordre de pourvoir à tous leurs besoins. Il leur écrivit en même temps une lettre, pour calmer les inquiétudes que pouvaient encore avoir les passagers; on y répondit par des expressions de reconnaissance.

Les membres de la Commission sortirent enfin de quarantaine le 12 thermidor (31 juillet), et furent incorporés dans la garde nationale qui venait d'être organisée.

Leurs malheurs, et surtout la menace du général en chef de les couler à fond; celle des Anglais de les jeter sur une côte déserte, et de brûler leur bâtiment, avaient excité parmi leurs compatriotes le plus vif intérêt en leur faveur: aussi ne retrouvèrent-ils en rentrant qu'accueil et bienveillance; ils ont depuis suivi le sort de la garnison d'Alexandrie.

Tels furent les effets de l'amour-propre ridicule et mal entendu du général Menou. Cet amour-propre l'avait empêché de demander à l'amiral anglais un passeport pour des hommes que Bonaparte avait ordonné de renvoyer en France sur un parlementaire, et que Kléber avait fait partir par une convention expresse et particulière avec l'ennemi, quelques mois avant la brillante victoire d'Héliopolis. N'ayant jamais de suite dans ses idées, parce qu'un plan de conduite est au-dessus de ses forces, Menou veut enlever à ces hommes, qu'il maltraitait sans savoir pourquoi, les fruits de leurs travaux, ne réfléchissant point qu'ils étaient perdus, par cela même qu'il les ôtait des seules mains capables de les faire valoir. Fatigué de contrarier les membres de la Commission, il les laisse enfin partir ; mais aussitôt il érige en crime les effets de la permission qu'il vient de leur donner. Ils sont assez malheureux pour être repoussés par l'ennemi, ils rentrent au milieu des leurs. Qui le croirait! le chef des Français les repousse aussi: que dis-je! sans les entendre, il condamne à mort cent Français innocents, parmi lesquels il en était qui ne pouvaient pas même se douter de l'existence, ni de la nature du crime que Menou avait imaginé. Il les condamne à la mort, s'ils ne vont pas à l'instant commettre le crime dont il les accuse. Quelle complication de méchanceté et de sottise !

Cédant néanmoins à l'indignation publique, qui s'élève hautement contre ces violences barbares, Menou, dévorant sa rage, affecte de la pitié pour ces hommes qu'il avait rendus si malheureux, et finit par leur permettre de retourner au milieu de leurs compatriotes, en leur prodiguant des honneurs et une bienveillance qui contrastaient si fort avec la conduite qu'il tenait quelques jours auparavant. Quel nom donner au caractère de cet homme? C'est dans ce même moment qu'il s'écriait, *à la face de l'Europe et de l'univers entier* (c'était son protocole ordinaire), qu'il ne capitulerait jamais, et qu'il s'ensevelirait plutôt sous les ruines d'Alexandrie : un mois après, il rendit cette place aux ennemis, lorsqu'on était sur le point de signer la paix en Europe.

CHAPITRE IV.

Arrivée du Grand-Visir; Convention du Kaire; Capitulation d'Alexandrie; Retour de l'armée en France.

Position du général Belliard au Kaire.

Nous avons vu que le général Lagrange avait effectué le 20 floréal (10 mai) sa retraite de Rahmanieh sur le Kaire, où il arriva le 23 (13 mai). Déjà l'armée du Grand-Visir s'avançait; on savait que le quartier-général était à Belbeïs, et que des corps étaient venus prendre position sur la route. Le général Belliard depuis long-temps se serait porté au-devant de lui, l'aurait attaqué, et l'aurait indubitablement détruit à la sortie du désert, s'il avait eu à sa disposition quelques parties des troupes que le général Menou laissait depuis six semaines dans l'inaction à Alexandrie. Il conçut le projet d'aller, avec le secours du général Lagrange, attaquer l'armée ottomane, et de l'amener à une bataille décisive, du succès de laquelle il ne doutait pas, s'il avait été assez heureux pour qu'elle fût acceptée; après quoi son intention était de revenir tomber sur le corps anglais qui remontait le Nil. L'extrême lenteur et la timidité de ces derniers lui laissaient l'espoir de terminer son expédition contre le Visir, avant qu'ils fussent arrivés au Kaire.

Ce plan hardi et brillant était digne d'un compagnon de Desaix, et des grands généraux sur qui avait reposé jusqu'alors la confiance de l'armée; mais il avait été soupçonné et prévu par les Anglais, qui avaient envoyé au camp du Grand-Visir un de leurs corps, pour empêcher les Turcs de faire de grandes fautes. L'instruction principale qu'ils avaient donnée à ce général des Ottomans, était d'éviter toute affaire générale avec les Français, de leur céder le terrain, et, s'il y était forcé, d'effectuer sa retraite sur le Delta, vers leur corps d'armée. Cette tactique eut tout l'effet qu'ils s'en étaient promis, et détruisit tous les projets du général Belliard.

Il marche contre le Visir.

Il était parti du Kaire le 25 floréal (15 mai), avec quatre mille six cents hommes d'infanterie, neuf cents hommes de cavalerie, et vingt-quatre pièces de canon. Le lendemain 26 (16 mai), il rencontra au village d'El-Zouameh un corps de neuf mille Turcs et cinq cents Anglais, avec une très-belle artillerie. Le général Belliard ayant disposé son infanterie en deux ailes, avec la cavalerie au centre, marcha dans cet ordre à l'ennemi; mais celui-ci, après quelques escarmouches, céda le terrain, et fut poursuivi, sans succès, jusqu'à l'approche du corps d'armée qui venait de Belbeïs. Si cette armée eût été réunie en masse, le général Belliard eût été servi suivant ses désirs; il aurait fondu sur elle avec intrépidité, et aurait peut-être renouvelé la journée d'Héliopolis; mais, fidèle à ses instructions, le Visir dispersa ses corps, qui en un instant entourèrent de toutes parts la petite troupe française. D'un autre côté, quelques pelotons de cavalerie paraissaient dans l'éloignement prendre la route du Kaire. Le général Belliard craignit alors que, pénétrant dans cette ville, ils n'y fissent arriver les Anglais assez à temps pour l'empêcher d'y rentrer; il jugea qu'il était nécessaire de s'en rapprocher, et en occupa toutes les avenues dès la journée du 27 (17 mai), de manière à faire respecter sa position.

Le Visir envoie prendre possession de Damiette et de Lesbeh.

Pendant ce temps, le Grand-Visir avait détaché un corps de six mille Turcs pour aller s'emparer de Damiette, où il savait qu'il n'y avait plus de Français; mais la petite ville de Lesbeh avait encore une faible garnison de deux cents hommes. Investis bientôt, et attaqués par une flotille de chaloupes canonnières anglaises, qui forcèrent l'entrée du Bogaz, ces deux cents hommes répondirent à la première sommation qui leur fut faite par les Anglais, qu'ils ne se rendraient jamais. Ils ne voulaient qu'en imposer; car ils savaient très-bien qu'ils ne pourraient résister à une aussi grande supériorité de forces, sans s'exposer à être massacrés. En effet, la nuit qui suivit la sommation, ils évacuèrent la place à l'insu de l'ennemi, en abandonnant tous les gros bagages, et enclouant les canons. Ils passèrent le Nil en silence, et suivirent le bord de la mer dans le Delta, pour se rendre à Bourlos, où ils trouvèrent deux avisos et un petit bâtiment qui venait d'arriver de France. Ils s'y embarquèrent avec la garnison de Bourlos, après avoir fait des vivres dans le pays; mais le surlendemain ayant été rencontrés et pris par la corvette *la Cinthia*, ils furent conduits à Malte, et bientôt après en France.

Mort de Mourad-bey.

Lorsque les troupes étaient descendues de la haute Egypte, le général Belliard avait invité Mourad-bey à se joindre à elles, et à descendre aussi. Certes, d'après la manière dont il avait été traité par le général Menou, ce bey pouvait céder aux insinuations qui lui étaient faites par les Anglais et les Ottomans, de se déclarer contre les Français; mais, fidèle à ses engagemens, il se mit en devoir de rejoindre le général Belliard. Malheureusement la haute Egypte était alors en proie à l'horrible maladie dont j'ai parlé, et qui désolait le Kaire: la plupart des beys et des Mamlouks en étaient attaqués; ce qui nuisait à l'activité des mouvements. D'un autre côté, les nouvelles que Mourad reçut des défaites des Français, en qui seuls il avait placé toutes ses espérances, lui causèrent un chagrin des plus cuisans, qui ébranla sa santé; il fut attaqué de la peste à Bénissouéf, où il mourut le 2 floréal (22 avril). Les Français et les Mamlouks furent vivement affectés de cette perte. On rendit à sa mémoire les honneurs dus à sa bravoure et à son caractère de grandeur que tout militaire sait si bien estimer. Il fut inhumé à Saouaghuy, près Tahta. Les Mamlouks brisèrent ses armes sur sa tombe, déclarant qu'aucun d'eux n'était digne de les porter.

Ils reconnurent pour leur nouveau chef Osman-bey, el Tambourgy, que Mourad lui-même leur avait désigné. Osman partageait les sentiments de son maître sur ses liaisons avec les Français, et il leur en donna des preuves en leur faisant passer des grains, dont on manquait au Kaire; mais les circonstances dans lesquelles ces derniers se trouvèrent bientôt, le forcèrent de changer sa politique : il se vit obligé d'aller faire hommage aux Turcs et aux Anglais. Cependant on doit dire à son honneur, qu'il ne se détermina à cette démarche que lorsque les deux armées réunies tinrent les Français bloqués autour du Kaire, et que leur position désespérée ne laissait plus de doute sur les résultats de cette lutte; encore même Osman ne voulut-il jamais participer à aucune hostilité contre eux.

Cette conduite des Mamlouks est le plus beau titre de gloire que l'armée d'Orient se soit acquis dans cette contrée. L'ennemi le plus acharné des Français, celui dont ils avaient détruit toutes les espérances, venait au jour de leurs malheurs les déplorer avec eux, rendre hommage à leur générosité, et donner des regrets à leur domination ! Si l'armée anglaise du Mysore se fût alors trouvée dans cette même position, les enfants de Typoo-Saïb lui auraient-ils rendu le même hommage?

Marche de l'armée d'Hutchinson et de celle du général Baird, venu de l'Inde.

Le général Hutchinson mettait la plus grande circonspection dans ses mouvements. Il craignait de se présenter devant le Kaire avant que le Grand-Visir y fût arrivé; il voulait d'ailleurs avoir des nouvelles de l'armée de l'Inde pour coordonner ses opérations. Cette armée, encore plus timide que celle d'Hutchinson, était composée de six mille hommes, dont cinq mille cypayes de Bombay et du Bengale, commandés par le colonel Murray et le brigadier-général Baird. Elle avait débarqué à Suez, à la fin de germinal (mi-avril); mais apprenant que le Kaire était encore au pouvoir des Français, et que les armées alliées n'avaient fait aucun progrès, le général Baird alla débarquer à Cosseïr, où il arriva le 3 prairial (23 mai), et ayant passé le désert, il se trouva sur les bords du Nil, à Kéné, le 19 prairial (8 juin), d'où il descendit avec prudence et lenteur pour n'arriver au Kaire que lorsqu'il n'y aurait plus de Français. Cette marche assurait à M. Baird la réputation d'un général qui sait ménager la vie de ses soldats: malheureusement la peste se mit parmi eux, et en détruisit la majeure partie.

Hutchinson avait attendu à Terraneh, ensuite à Ouardann, la nouvelle de la marche sur le Kaire de l'armée de M. Baird, et de celle du Visir. Celui-ci y arriva le premier; mais comme les Français étaient à l'abri d'un coup de main derrière une grande ligne de retranchements tirée du Kaire à Boulak, et autour de la ville dans les forts, il ne crut pas devoir hasarder seul de les y forcer. En conséquence, les armées restèrent ainsi en présence pendant tout le mois de prairial (juin); enfin le général Hutchinson arriva, et posa son camp le 1er messidor (20 juin), entre Gizeh et Embabeh. Alors Belliard se trouva dans la position la plus critique où un militaire puisse se trouver; n'ayant que six mille hommes dispersés sur un développement immense, il voyait devant lui vingt-cinq mille Turcs et vingt mille Anglais, secondés de toutes les ressources du pays, et des dispositions hostiles que la population du Kaire commençait à manifester, pour se concilier l'affection du Grand-Visir. D'un autre côté, les subsistances étaient épuisées; il n'y avait plus d'argent dans les caisses, et on ne pouvait plus espérer d'imposer de nouvelles taxes sur les habitants. Il était aisé de voir que, si les ennemis avaient tenté une attaque contre une des parties de la vaste circonférence que les Français occupaient, cette attaque aurait réussi, et ceux-ci eussent été forcés de se rendre à discrétion; mais cette petite masse en imposait encore par les souvenirs de ses exploits passés, et on craignait de la réduire au désespoir.

Ouverture des conférences.

Le général Belliard, néanmoins, tout en conservant une attitude fière, même menaçante, sentit qu'il était temps de tirer parti de l'extrême timidité de l'ennemi, et voyant qu'il ne recevait plus, depuis long-temps, d'instructions du du général en chef, avec qui toute correspondance était interrompue; il prit sur lui de proposer des conférences qui s'ouvrirent le 3 messidor (22 juin), et il parvint, en donnant toujours l'alternative des articles qu'il proposait, ou des chances d'une bataille, à faire signer, le 8 messidor an IX (27 juin 1801), la convention suivante.

CONVENTION

POUR L'ÉVACUATION DE L'ÉGYPTE,

Par le corps de troupes de l'armée française et auxiliaires, aux ordres du général de division Belliard,

CONCLUE ENTRE

Les citoyens Donzelot, général de brigade; Morand, général de brigade; Tareyre, chef de brigade;

De la part du général de division Belliard:

Et M. le général de brigade Hope, de la part de son excellence le général en chef de l'armée anglaise;

Osman-Bey, de la part de S. A. le suprême Visir;

Et Isaac-Bey, de la part de S. A. le Capitan-Pacha.

Les commissaires ci-dessus nommés, s'étant réunis dans un lieu de conférences entre les

Convention du Kaire.

deux armées, après l'échange de leurs pouvoirs respectifs, sont convenus des articles suivants :

Art. 1er. Les corps de l'armée française de terre et de mer, les troupes auxiliaires, aux ordres du général de division Belliard, évacueront la ville du Kaire, la citadelle, les forts Boulak et Gizeh, et toute la partie de l'Egypte qu'ils occupent en ce moment.

Art. 2. Les corps de l'armée française et les troupes auxiliaires se retireront par terre à Rozette, en suivant la rive gauche du Nil, avec armes, bagages, artillerie de campagne, caissons et munitions, pour y être embarqués, et de là être transportés dans les ports français de la Méditerranée avec leurs armes, artillerie, caissons, munitions, bagages, effets, aux frais des puissances alliées. L'embarquement desdits corps de troupes françaises et auxiliaires devra se faire aussitôt qu'il sera possible de l'effectuer; mais, au plus tard, dans cinquante jours à dater de la ratification de la présente convention. Il est d'ailleurs convenu que lesdits corps seront transportés dans lesdits ports du continent français, par la voie la plus prompte et la plus directe.

Art. 3. A dater de la signature et ratification de la présente convention, les hostilités cesseront de part et d'autre; il sera remis aux armées alliées le fort Sulkowsky et la porte des Pyramides de la ville de Gizeh; la ligne d'avant-postes des armées respectives sera déterminée par des commissaires nommés à cet effet, et il sera donné les ordres les plus précis pour qu'elle ne soit pas dépassée, afin d'éviter les rixes particulières; et, s'il en survenait, elles seraient terminées à l'amiable.

Art. 4. Douze jours après la ratification de la présente convention, la ville du Kaire, la citadelle, les forts et ville de Boulak, seront évacués par les troupes françaises et auxiliaires, qui se retireront à Ibrahim-Bey, île de Raoudah et dépendances, le fort Lequoi et Gizeh, d'où elles partiront le plus tôt possible, et au plus tard dans cinq jours, pour se rendre au point de l'embarquement. Les généraux des armées anglaise et ottomane s'engagent en conséquence à faire fournir, à leurs frais, aux troupes françaises et auxiliaires, les moyens de transport par eau, pour porter les bagages, vivres et effets au point de l'embarquement. Tous ces moyens de transport par eau seront mis, le plus tôt possible, à la disposition des troupes françaises à Gizeh.

Art. 5. Les journées de marche et de campement de l'armée française et des auxiliaires seront réglées par les généraux des armées respectives, ou par des officiers d'état-major nommés de part et d'autre ; mais il est clairement entendu que, suivant cet article, les journées de marche et de campement seront fixées par les généraux des armées combinées. En conséquence, lesdits corps de troupes françaises et auxiliaires seront accompagnés, dans leur marche, par des commissaires anglais et ottomans, chargés de faire fournir les vivres nécessaires pendant la route et les séjours.

Art. 6. Les bagages, munitions et autres objets voyageant par eau, seront escortés par des détachements français et par des chaloupes armées des puissances alliées.

Art. 7. Il sera fourni aux troupes françaises et auxiliaires, et aux employés à leur suite, les subsistances militaires, à compter de leur départ de Gizeh jusqu'au moment de l'embarquement, conformément aux réglements de l'armée française, et du jour de l'embarquement jusqu'au débarquement en France, conformément aux réglements maritimes de l'Angleterre.

Art. 8. Il sera fourni par les commandants des troupes britanniques et ottomanes, tant de terre que de mer, les bâtimens nécessaires, bons et commodes, pour le transport dans les ports de France de la Méditerranée, des troupes françaises et auxiliaires, et de tous les Français et autres employés à la suite de l'armée. Tout, à cet égard, ainsi que pour les vivres, sera réglé par des commissaires nommés à cet effet par le général de division Belliard, et par les commandants en chef des armées alliées, tant de terre que de mer. Aussitôt la ratification de la présente, ces commissaires se rendront à Rozette et à Aboukyr, pour y faire préparer tout ce qui est nécessaire à l'embarquement.

Art. 9. Les puissances alliées fourniront quatre bâtiments, et plus s'il est possible, préparés pour transporter des chevaux, les futailles pour l'eau, et les fourrages nécessaires jusqu'à leur débarquement.

Art. 10. Il sera fourni aux corps de l'armée française et auxiliaires par les puissances alliées, une escorte de bâtiments de guerre suffisante pour garantir leur sûreté, et assurer leur retour en France. Lorsque les troupes françaises seront embarquées, les puissances alliées promettent et s'engagent à ce que, jusqu'à leur arrivée sur le continent de la République française, elles ne seront nullement inquiétées; comme de son côté le général Belliard, et les corps de troupes sous ses ordres, promettent de ne commettre aucune hostilité pendant ledit temps ni contre la flotte, ni contre les pays de S. M. Britannique, ni de la sublime Porte ou de leurs alliés. Les bâtiments qui transporteront et escorteront lesdits corps de troupes, ou autres français, ne s'arrêteront à aucune autre côte que celles de la France, à moins d'une nécessité absolue. Les commandants des troupes françaises, anglaises et ottomanes, prennent réciproquement les mêmes engagements que ci-dessus, pour le temps que les troupes françaises resteront sur territoire de l'Egypte, depuis la ratification de la présente convention jusqu'au moment de leur embarquement; le général de division Belliard, commandant les troupes françaises et auxiliaires, de la part de son gouvernement promet que les bâtiments d'escorte et de transport ne seront point retenus dans les ports de France après l'entier débarquement des troupes, et que les capitaines pourront s'y procurer à leurs frais, et de gré à gré, les vivres dont ils auront besoin pour leur retour. Le général Belliard s'engage en outre, de la part de son gouvernement, que lesdits bâtiments ne seront point inquiétés jusqu'à leur retour dans les ports des puissances alliées, pourvu qu'ils n'entreprennent et ne servent à aucune opération militaire.

Art. 11. Toutes les administrations, les membres de la commission des Sciences et Arts, et enfin tous les individus attachés au corps de l'armée française jouiront des mêmes avantages que les militaires. Tous les membres desdites administrations, et de la commission des Sciences et Arts, emporteront en outre avec eux non-seulement tous les papiers qui regardent leur gestion, mais encore les papiers particuliers, ainsi que les autres objets qui les concernent.

Art. 12. Tout habitant de l'Egypte, de quelque nation qu'il soit, qui voudra suivre l'armée française sera libre de le faire, sans qu'après son départ sa famille soit inquiétée, ni ses bien séquestrés.

Art. 13. Aucun habitant de l'Egypte, de quelque religion qu'il soit, ne pourra être inquiété, ni dans sa personne, ni dans ses biens, pour les liaisons qu'il aurait eues avec les Français pendant leur occupation de l'Egypte, pourvu qu'ils se conforment aux lois du pays.

Art. 14. Les malades qui ne pourront pas supporter le transport seront admis dans un hôpital, où ils seront soignés par des officiers de santé et employés français jusqu'à leur parfaite guérison; alors ils seront envoyés en France, les uns et les autres, aux mêmes conditions que les corps de troupes. Les commandants des troupes des armées alliées s'engagent à faire fournir, sur des demandes en règle, tous les objets qui seront nécessaires à cet hôpital, sauf les avances à être remboursées par le gouvernement français.

Art. 15. Au moment de la remise des villes, et forts désignés dans la présente convention, il sera nommé des commissaires pour recevoir l'artillerie, les munitions, magasins, papiers, archives, plans, et autres effets publics, que les Français laisseraient aux puissances alliées.

Art. 16. Il sera fourni, aussitôt que possible, par le commandant des troupes de mer des puissances alliées, un aviso pour conduire à Toulon un officier et un commissaire des guerres chargés de porter au gouvernement français la présente convention.

Art. 17. Toutes les difficultés, ou contestations qui pourraient s'élever sur l'exécution de la présente convention, seront terminées à l'amiable par des commissaires nommés de part et d'autre.

Art. 18. Aussitôt la ratification de la présente convention, tous les prisonniers anglais ou ottomans qui se trouvent au Kaire, seront mis en liberté, de même que les commandants en chef des puissances alliées mettront en liberté les prisonniers français qui se trouvent dans leurs camps respectifs.

Art. 19. Un officier supérieur de l'armée anglaise, un officier supérieur de S. A. le Capitan-pacha, seront échangés contre des otages de pareils nombre et grade de troupes françaises, pour servir de garantie à l'exécution du présent traité. Aussitôt que le débarquement des troupes françaises sera effectué dans les ports de France, les otages seront réciproquement rendus.

Art. 20. La présente convention sera, par un officier français, portée et communiquée au général en chef Menou à Alexandrie, et il sera libre de l'accepter pour les troupes françaises et auxiliaires de terre et de mer qui se trouvent avec lui dans cette place, pourvu que son acceptation soit notifiée au général commandant les troupes anglaises devant Alexandrie, dans dix jours à compter de celui où la communication lui en aura été faite.

Art. 21. La présente convention sera ratifiée par les commandants en chef des troupes et armées respectives, vingt-quatre heures après la signature.

Fait quadruple au camp des conférences entre les deux armées, le 8 messidor an 9 à midi (27 juin 1801), ou le 16 du mois de safar 1216.

Signé, Donzelot, général de brigade; Morand, général de brigade; Tareyre, chef de brigade; John Hope, brigadier-général, Osman-bey; Isaac-bey.

Approuvé. *Signé* J. Hély Hutchinson, général en chef.

Approuvé de la part de lord Keith.

Signé James Stivenson, capitaine royal Navy.

Nous avons approuvé les articles de la présente convention pour l'évacuation de l'Égypte, et la remise à la Porte Ottomane.

Signé HADGY YOUSOUF ZIA VISIR.

Nous avons approuvé les articles de la présente convention pour l'évacuation de l'Égypte, et la remise à la Porte Ottomane.

Signé HUSSEIN PACHA CAPITAN DÉRYA.

Approuvé, et ratifié la présente convention le 9 messidor an 9 de la République française (28 Juin 1801).

Le général de division, *Signé* BELLIARD.

Ainsi cette convention, absolument la même au fond que celle d'El-Arisch, remettait les choses au même point ou Kléber et Smith les avaient mises au mois de pluviose (février) de l'année précédente, et il n'avait pas fallu moins, pour obtenir ce grand résultat, qu'un armement de plus de quatre-vingt-dix mille hommes, et la chance très-probable de ne pas réussir; ce qui fait voir qu'à la guerre il ne faut jamais vouloir abuser de ses avantages, pour imposer à son ennemi des conditions dures et déshonorantes, lorsqu'on peut obtenir les mêmes résultats militaires et politiques sans effusion de sang. Les généraux anglais et Turcs étaient heureusement plus pénétrés de ce principe que lord Keith, qui avait ainsi compromis par son orgueil les intérêts de deux grandes puissances.

La convention s'exécuta sans obstacle; les jours suivants, les troupes du Kaire furent embarquées, et partirent d'Aboukyr pour France le 21 thermidor (9 août 1801).

Honneurs rendus au corps du général Kléber.

On doit se souvenir que le corps du général Kléber avait été déposé dans un des bastions du camp retranché de la ferme d'Ibrahim-bey. Les Français ne pouvaient abandonner ces restes précieux dans une terre désormais étrangère ; et ils résolurent de les emporter. La cérémonie de leur translation se fit avec pompe au bruit de toute l'artillerie des forts. Les Turcs et les Anglais, voulant aussi rendre un témoignage honorable de leur estime pour cet illustre chef, se joignirent aux Français dans cette circonstance, et saluèrent le corps de plusieurs salves de leur artillerie. Qu'il était beau cet hommage que le génie de Kléber forçait ainsi ses ennemis de rendre à sa mémoire!

Sentiment des habitants sur le départ des Français.

En descendant le Nil, les Français éprouvèrent encore quelques jouissances bien vives dans l'accueil et les regrets assurément bien sincères qu'ils recevaient des habitants. Déjà ceux-ci éprouvaient des vexations de la part des Turcs, et lorsqu'ils voyaient arriver un corps de Français, ils venaient leur porter plainte sur ces vexations, comme à leurs protecteurs naturels. Souvent des officiers, des soldats français ont sauvé la vie à des Turcs et à des Anglais, qui allaient être victimes de la fureur du paysan. Lorsque les habitants venaient porter ces plaintes, et que les Français leur disaient qu'ils n'étaient plus les maîtres: « Vous êtes toujours les plus forts et les » plus justes, disaient-ils; nous sommes d'ailleurs bien sûrs que vous reviendrez, parce » que ce n'est que la faute de votre général, si » vous êtes obligés de vous en aller dans ce

» moment. » O peuple naturellement doux et bon! si tu avais fini par donner ton estime et ta confiance à la brave nation française, sois bien persuadé que tous les Français qui étaient alors en Egypte t'ont voué un attachement qu'ils ont transmis déjà à leurs enfants et à leurs compatriotes. Puisse le souvenir de ces sentiments réciproques être au moins de quelque utilité au voyageur français que ses relations commerciales amèneront sur ta terre féconde; car je suis sûr qu'ils n'invoqueront jamais en vain auprès de toi les noms de Kléber, de Desaix, et de Reynier!

Reportons actuellement nos regards sur Alexandrie, et nous verrons dans les tristes détails de la dernière scène de cette tragédie, que la stupidité du chef des Français ne s'est pas démentie jusqu'au dernier moment.

Position d'Alexandrie.

Déjà, dans les commencements de prairial (fin de mai), la disette se faisait ressentir. La prise du convoi du chef de brigade Cavalier jeta la plus grande consternation; les eaux du Maréotis avançaient toujours dans l'ouest, et détruisaient toute espérance de communication avec l'Egypte. On supprima alors la distribution de viande, on donna du pain avec du riz, et ensuite du riz pur. Cette nourriture amena bientôt des maladies, et les hôpitaux furent remplis de scorbutiques.

Détails sur la flotte de l'amiral Ganteaume.

Cependant, le 20 prairial (9 juin), quelques espérances vinrent un instant ranimer le courage de la garnison. A la pointe du jour, on vit un bâtiment français entrer à toutes voiles dans le port; c'était la corvette l'*Héliopolis*, qui faisait partie de l'escadre de l'amiral Ganteaume. On ne douta plus alors que cette escadre n'arrivât; mais cette espérance fut vaine. On a dit précédemment qu'après être entrée dans la Méditerranée par le détroit de Gibraltar, elle avait fait voile pour Toulon, parce qu'elle apprit qu'une escadre anglaise était devant les côtes d'Egypte. Le premier consul, mécontent de cette conduite de Ganteaume, lui avait ordonné de repartir sur-le-champ de Toulon, et d'arriver en Egypte, ou de débarquer vers le point le plus proche, quelles que fussent la position et la force de l'ennemi. Le gouvernement français, pour se ménager le moyen d'y faire arriver des troupes par terre, avait fait la paix avec les puissances barbaresques; et une des instructions données à l'amiral français, était de débarquer, s'il y était forcé, à Derne, ou à Bengazzi, pour que de là les troupes pussent se porter par terre à Alexandrie. Ganteaume avait obéi, et était arrivé le

19 prairial au soir (8 juin), à environ vingt lieues à l'ouest de cette ville, lorsqu'il détacha la corvette l'*Héliopolis* pour éclairer sa marche et annoncer sa présence. S'il avait suivi cette corvette, il serait entré avec elle dans le port; mais il avait jugé plus prudent de ne pas tenter l'entreprise, et s'était porté à Bengazzi pour y débarquer les troupes qu'il avait à bord. A son approche, les gens du pays accourus en armes se mirent en devoir de s'opposer à son projet; n'ayant pas assez de monde pour l'effectuer de vive force, il fut obligé d'y renoncer, et retourna à Toulon.

Dispositions de défense.

Pendant ce temps, Menou, qui ne se nourrissait que d'espérances et de chimères, allait tous les jours sur le bord de la mer, et promenait ses regards au loin, croyant toujours voir paraître la flotte française, et ne pensant à aucune des opérations de la terre. Heureusement les officiers du génie et de l'artillerie, plus prévoyants que lui, travaillaient depuis longtemps avec activité à mettre Alexandrie à l'abri d'un coup de main. Des lignes, des redoutes et des forts avaient été promptement élevés depuis le Pharillon jusqu'à l'extrémité du lac Mahaddiéh; de là, à la colonne de Pompée et à l'ancien canal de Kibotos, près les bains de Cléopâtre, entre le port vieux et le lac Maréotis. En outre, et presque sous le feu de l'ennemi, on avait élevé une bonne muraille d'enceinte, en dedans de la ville des Arabes, depuis le fort triangulaire jusqu'à l'aiguille de Cléopâtre, près le Pharillon, et un large fossé entourait le port neuf pour garantir d'un débarquement sur la grande place.

Le général Menou, qui se croyait inexpugnable derrière ces retranchements, attendait les événements dans l'inaction la plus absolue, bravant et insultant les Anglais, qui avançaient tous les jours : ils étaient déjà maîtres du Kaire, que le général Menou ne connaissait même pas leur position, ni celle des Turcs ; car il n'avait aucun espion pour l'instruire des mouvements des armées ennemies. Il paraissait ne s'occuper que d'en entretenir parmi les généraux et les officiers de son armée. Il avait remplacé le chef de brigade Cavalier par le chef de bataillon Saint-Genéis, qu'il avait nommé chef du corps des dromadaires, quoiqu'il n'eût plus de dromadaires. Cependant les Arabes Ouladalis lui en ayant procuré quelques-uns, il envoya Saint-Geniés, le 13 messidor (2 juillet), vers le Kaire ; mais cet officier tomba, comme Cavalier, entre les mains des Anglais.

Le général Menou refuse de donner son approba-

Dès le 16 messidor (5 juillet) les vedettes anglaises annonçaient la nouvelle du traité fait par

par le général Belliard, et ce bruit fut bientôt répandu parmi tous les Français. Le général Menou ne manqua pas, à son ordinaire, de le démentir, et assura qu'il ferait fusiller quiconque le répéterait. Cependant un officier étant venu, d'après l'art. 20, lui présenter une copie de ce traité pour savoir s'il l'accepterait, il entra dans une grande fureur contre les généraux, répondit qu'il ne souscrirait jamais à une telle infamie, et publia à l'instant l'ordre du jour suivant:

tion à la convention du Kaire.

A Alexandrie, le 20 messidor an IX.

Le Général en chef sous les murs de la place d'Alexandrie.

« Généraux, officiers, sous-officiers, soldats de toutes les armes!

» Les troupes françaises qui étaient au Kaire et forts environnants ont capitulé sans se battre, sans que la ville et les forts aient été attaqués régulièrement. Je ne me permets aucune réflexion sur cet événement, le plus extraordinaire peut-être qui soit arrivé à la guerre, parce que je craindrais d'envelopper dans le déshonneur des hommes qui, jusqu'à présent, s'étaient montrés dignes du nom français et de républicain.

« Je vous déclare que j'ai rassemblé autour

de moi les lieutenants-généraux Friant et Rampon, les généraux de division Songis, Destaing, Zayonchek, et le général de brigade Samson commandant le corps du génie. Tous ont été d'avis que nous devions nous conduire ici comme le doivent faire des hommes qui ne connaissent d'autre règle de conduite que l'honneur et l'attachement à leur patrie.

» Soldats! vous avez montré jusqu'à présent tant de dévouement, de patience, et de courage, que je ne vous fais pas l'affront de douter un seul instant de la conduite que vous tiendrez. Nous montrerons ce que peuvent de braves soldats. Nous nous défendrons jusqu'à la mort; mais s'il en était parmi vous, et parmi les autres français qui sont ici, qui ne se sentissent pas l'énergie nécessaire pour combattre encore pendant long-temps les ennemis de la République, la porte leur est ouverte, je les enverrai à Rozette, où doivent se réunir sous peu de jours les troupes qui descendent du Kaire. » *Signé* Abdallah Jacques Menou. »

Le 25 messidor (14 juillet), il fit partir un bâtiment pour dénoncer le général Belliard au gouvernement Français.

Les Anglais commencent leurs dispositions pour

Les détails pour l'exécution de la Convention du Kaire, occupaient exclusivement les attaquet Alexandrie.

Anglais, qui ne firent aucun mouvement sur Alexandrie, jusqu'après le départ des troupes du général Belliard; mais enfin voyant que le général Menou, qui avait refusé d'accepter cette Convention, annonçait la résolution de se défendre jusqu'à la dernière extrémité; apprenant d'ailleurs qu'il recevait toujours des vivres par les Arabes Ouladalis, ils commencèrent vers la fin de thermidor (mi-août), à faire les dispositions nécessaires pour attaquer sérieusement Alexandrie, et forcer cette place à se rendre. Le but de leurs opérations dut être de cerner entièrement la ville, et de rompre toute communication avec les Arabes, en s'établissant sur la langue de terre vers le Marabou. Cette position importante donnait aux Anglais le moyen de s'emparer de ce petit fort, d'être maîtres de l'entrée des passes du port vieux, et d'y introduire des bâtiments de guerre; ils portèrent à cet effet, le 29 thermidor au matin (17 août) des troupes au Marabou par le lac Maréotis; et, pour assurer, ou du moins faciliter leur débarquement sur ce point, ils résolurent de faire une attaque simulée aux retranchements de l'est, afin que les troupes françaises, ainsi occupées, ne pussent aller s'opposer au débarquement du Marabou. Un vaisseau de ligne vint même s'embosser sur la côte entre le Phare et le cap des Figuiers, et lança plusieurs boulets et obus sur la ville; mais ils ne fit aucun mal. Le général Menou maintint toutes les troupes aux retranchements de l'est, où il crut que l'attaque était sérieuse, et il envoya à peine cinq cents hommes sur la langue de terre menacée. La défense des retranchements de l'est fut brillante, et la partie droite de l'ennemi souffrit beaucoup, quoiqu'appuyée à la mer, et soutenue par le feu de ses chaloupes canonnières; mais le petit corps de troupes envoyé le long du Maréotis crut prudent de s'arrêter au canal Kibotos, dans la crainte que l'immense convoi qui portait les troupes ennemies ne se divisât et n'effectuât deux débarquements, entre lesquels le corps français se serait trouvé. Les Anglais, voyant qu'ils n'étaient plus suivis, s'arrêtèrent sur les dix heures du matin, et débarquèrent environ six mille hommes vers les îlots, un peu à l'ouest du Marabou.

Dans la crainte que la flotille française qu'on avait introduite dans le lac, et qui se trouvait à la bouche du canal Kibotos, ne tombât au pouvoir des Anglais, on dégréa tous les bâtiments, et on y mit le feu. Le soir, la ligne anglaise vint s'établir au canal, vis-à-vis celle des Français.

Prise du Marabou.

Le 30 thermidor, l'ennemi attaqua le petit fort du Marabou, qui fit la résistance la plus opiniâtre, et ne se rendit que dans la nuit du 3 au 4 fructidor (21 à 22 août). Dès ce moment les Anglais purent faire entrer des bâtiments dans le port, et plusieurs frégates, corvettes et bricks, vinrent se mettre en ligne devant les frégates françaises, qui furent obligées de se serrer en dedans, ainsi que tous les bâtiments du convoi, sous la protection du fort Leturcq.

Les Anglais assiégent le fort Leturcq.

Le 4 au matin, la ligne anglaise portée à huit mille hommes, flanquée sur sa gauche par six frégates qui étaient entrées, et sur sa droite par quarante-cinq chaloupes canonnières, menant en outre une nombreuse artillerie, marcha sur la ligne française qui souffrit horriblement du feu des frégates et des chaloupes, et se vit obligée de se retirer aussi jusqu'au fort Leturcq. Arrivé à cette position, l'ennemi s'arrêta, s'établit, et fit toutes les dispositions pour assiéger le fort.

Des bâtiments de guerre entrent dans le port vieux.

Comme on voyait arriver une grande quantité de petits bâtiments dans le port, on crut que l'ennemi avait conçu le projet d'effectuer un débarquement à la pointe des Figuiers, d'où rien ne s'opposait à son entrée dans la ville. Pour détruire ce projet, on échoua plusieurs bâtiments du convoi, et on établit sur leur pont, resté au-dessus de l'eau, des batteries qui protégèrent ce cap. Il était à craindre que ces précautions ne fissent connaître à l'ennemi la facilité et l'avantage de ce débarquement, car il était aisé de détruire ces batteries; mais heureusement il ne voulait rien donner aux chances d'un combat; il ne tenta rien sur ce point, et parut ne s'occuper exclusivement que du siége du fort Leturcq, qu'il bombarda jusqu'au 7 fructidor (25 août). Le peu d'hommes dont les Français pouvaient disposer obligeait de les diviser en petits groupes, et comme les frégates et les chaloupes ennemies ne cessaient de faire feu, on avait posé les soldats dans les creux ou espèces de vallons que forment les dunes. Cette disposition laissait de grands espaces vides qui n'étaient point défendus. L'ennemi s'en apperçut, et voulut en profiter. Il fit avancer le 7, vers les neuf heures du soir, un corps de cavalerie et d'infanterie, qui surprit les avant-postes, rompit la ligne française, et marchant le long du lac, cerna un bataillon de la 18e demi-brigade, qui fut entièrement détruit. Une partie tomba sous le fer des Osmanlys, un autre chercha son salut en se jetant dans le lac, et le reste fut fait prisonnier. Cette surprise jeta le désordre dans le camp de la 21e demi-brigade, mais le soldat soutint le choc de la cavalerie avec intrépidité, et arrêta les progrès de l'ennemi. La droite des Français, appuyée au port vieux, accourut au secours de la gauche attaquée, et il s'engagea vers les dix heures et demie une vive fusillade ; les Anglais, que ce combat avait rendus maîtres de quelques mamelons, s'en tinrent pour cette fois à cet avantage ; mais les conséquences que l'on tira de cette affaire furent décisives pour le sort de la place. Le découragement, dès ce moment, fut porté à son comble ; le soldat n'avait plus devant les yeux que la honte d'être battu, d'être obligé de reculer, et la mort : il ne pouvait faire un mouvement dans le camp, qu'il ne vît la terre sillonnée de boulets et de bombes qui portaient la terreur dans l'âme des plus courageux ; il ne prévoyait, dans sa résistance, que l'issue la plus malheureuse, puisqu'aucune probabilité ne pouvait le rendre vainqueur, ni l'empêcher de succomber sous les efforts d'une armée aussi considérable, et dont les moyens étaient centuples de ceux qu'on avait à lui opposer. Il sentait donc que son courage était inutile, et il craignait qu'un ennemi, peu accoutumé à la victoire, ne s'irritât d'une résistance prolongée, et ne lui imposât des conditions dures, qui auraient blessé et compromis son honneur. Son découragement augmenta encore, lorsqu'on apprit dans la ville que le général Menou, non content d'avoir fait couler à fond des bâtiments du convoi, avait donné l'ordre de faire couler en outre les trois frégates françaises qui étaient dans le port; il n'ignorait pas que, dans la situation où l'on se trouvait vis-à-vis de l'ennemi, cette action était contraire aux lois de la guerre. Enfin, l'opinion publique ne put s'empêcher de se déclarer contre lui, lorsqu'on sut que, pendant l'affaire du 7, il n'avait pas quitté la redoute des signaux, située bien en arrière de la ligne, et qu'il ne s'était porté au fort Leturcq qu'après l'action. Un boulet passa assez près de lui dans ce fort, un mouvement involontaire lui fit baisser la tête, et il s'empressa de se retirer pour gagner un lieu plus sûr. Cette action n'échappa point au soldat, qui n'en avait jamais vu d'exemple parmi les chefs courageux qui l'avaient toujours guidé, et elle fit perdre au général le peu de partisans qui lui restaient.

Les généraux déclarent au général Menou qu'il est temps de capituler.

Tout le monde avait les yeux fixés sur les généraux de division, et particulièrement sur Rampon et Songis, pour arrêter les effets de l'aveugle et stupide folie du général en chef qui, sans aucun but d'utilité et de gloire, faisait périr de sang-froid, et sans courir de dangers, les hommes les plus braves. En effet, le 8 au matin, le général Rampon se transporta dans sa tente, et après avoir mis sous ses yeux le tableau de la malheureuse affaire de la nuit, il lui demanda quelles étaient ses intentions? Le général en chef lui répondit qu'il voulait tenir jusqu'au dernier homme, et demanda à son tour au général Rampon son avis. Celui-ci lui dit qu'il croyait au contraire qu'il était temps de traiter avec honneur; qu'ayant mille neuf cents malades aux hôpitaux, huit à neuf cents perdus depuis neuf jours, sur quatre mille qui formaient le total de la garnison, un plus grand affaiblissement porterait l'ennemi à ne plus recevoir de composition, d'où pourraient résulter les plus grands malheurs. Le général en chef, entrant alors en fureur, s'écria que tout le monde l'abandonnait. Rampon lui répliqua qu'il tenait à l'honneur de l'armée, et que c'était pour le conserver qu'il avait cru devoir lui donner son avis; qu'au reste, il le priait de réfléchir sur la situation critique où l'on se trouvait, et il se retira. Un instant après, les généraux de division et de brigade se réunirent chez lui pour aviser aux moyens de mettre fin à une position aussi affreuse, et ils chargèrent leur collègue Darmagnac d'aller dire au général en chef que toute l'armée partageait l'avis du général Rampon. Darmagnac s'y rendit aussitôt. Menou s'exhala en invectives et en reproches. « Quoi! » vous aussi, dit-il à Darmagnac, vous, que j'ai » fait général? Reprenez votre brevet, lui ré» pliqua celui-ci; si vous avez cru par là m'isoler » de l'intérêt et de l'honneur de l'armée. » Alors le général en chef lui dit : Hé bien, vous serez tous satisfaits; je vais ouvrir des conférences.

Suspension d'armes.

Aussitôt il envoya deux de ses aides-de-camp en parlementaires : il était quatre heures du soir. L'un, Abert, se rendit par la ligne d'Aboukyr au camp du général en chef Hutchinson; l'autre, Chaussey, par la ligne du fort Leturcq, alla trouver le général Coote; l'un et l'autre furent chargés de demander une suspension d'armes. Hutchinson reçut Abert avec honneur, et accorda sur-le-champ, pour trois jours, la suspension que demandait le général Menou, avec l'assurance que l'amiral Keith s'empresserait de souscrire aux propositions raisonnables qui pourraient lui être faites pour la reddition de la place. Il expédia aussitôt un bâtiment à l'amiral pour le prévenir des dispositions actuelles des Français. Il dit que tout était préparé, qu'il avait donné les ordres nécessaires pour attaquer dans la nuit sur tous les points, et forcer la ligne française à se replier dans l'intérieur de la ville, mais qu'il allait contremander ces ordres. Le général Coote avait répondu à Chaussey qu'il ne pouvait rien prendre sur lui, et qu'il allait en référer au général Hutchinson. Cependant il promit de ne pas attaquer, ainsi qu'il en avait reçu l'ordre, jusqu'après la réponse de son référé. Le lendemain 9, tous les travaux de défense furent suspendus.

Conseil de guerre.

Le 10 fructidor au matin, le général Menou convoqua un conseil de guerre dans la maison du général Friant; ce conseil était composé des deux lieutenants-généraux Rampon et Friant; des généraux de division Songis, Destaing, et Zayonchek; des généraux de brigade Fugières, Samson, Faultrier, Boussard, Delgorgue, Lefevre, Delzons, Darmagnac, et Eppler; du commissaire-ordonnateur en chef Sartelon; du préfet maritime Leroy, et du commandant du port, Richer: en tout dix-sept votans. Le général en chef, qui présida ce conseil, annonça à tous ses membres qu'il les avait assemblés pour les consulter sur ce qu'il avait à faire dans les circonstances difficiles où se trouvait le reste des Français en Egypte. Il mit sous les yeux du conseil la position morale de l'armée, que la nécessité forçait de succomber, malgré le courage individuel des soldats, qui, quoiqu'ils se fussent, chacun en particulier, couverts de gloire dans les affaires des 29 thermidor, 4 et 7 fructidor, ayant depuis dix jours disputé le terrain pied à pied, n'en étaient pas moins obligés de céder à un ennemi nombreux, et dont les ressources matérielles étaient infiniment supérieures à celles des Français. Alors le général Delgorgue prit la parole, et après avoir, de la manière la plus ferme et la plus franche, développé le véritable état de l'armée sous les rapports militaires, il conclut à ce que l'on dressât sur-le-champ les articles d'une capitulation honorable, que l'on présenterait à l'ennemi, sauf à la modifier, suivant les difficultés qu'il ferait, jusqu'à celles qui atteindraient l'honneur. Le général Rampon lui succéda, et parla avec chaleur dans le même sens. Il fut suivi du général Darmagnac, et du capitaine de vaisseau Richer, qui adoptèrent, ainsi que lui, les conclusions du général Delgorgue. Après eux, le commissaire-ordonnateur en chef, Sartelon, ajouta : Qu'aux considérations militaires qui venaient d'être développées avec clarté, devaient se joindre celles de l'état de la place. Il remit sous les yeux du conseil la situation des hôpitaux, dans lesquels le nombre des malades s'élevait à deux mille. Il déclara que la plus grande partie périssait faute de médicaments et autres moyens matériels; il annonça qu'il ne restait plus que pour vingt-sept jours de vivres, et il conclut ainsi que ceux qui l'avaient précédé à ce qu'on capitulât. Les généraux Destaing, Delzons et Zayonchek soutinrent seuls l'avis contraire. Ce dernier appuyait ses motifs sur sa qualité de Polonais adoptée par le gouvernement français, à qui il croyait devoir même sa vie. Malgré l'observation qui lui fut faite, qu'il devait voter seulement comme général de division des armées françaises, et non comme étranger, il se rangea de l'avis de Destaing et Delzons.

Enfin on arrêta, à la pluralité de quatorze voix contre trois, que l'on capitulerait avec l'ennemi pour la reddition de la place. Le général Menou prit alors la parole, et dit : Que tant qu'il avait pu espérer l'arrivée d'une flotte et des secours de France, il avait dû prolonger sa résistance; mais qu'aujourd'hui les raisons majeures qui venaient d'être développées, et particulièrement l'état malheureux des hôpitaux et des vivres, faisaient qu'il n'hésitait plus à se ranger de l'avis de la majorité, qui par conséquent se trouva, dès ce moment, arrêté en principe.

On éleva ensuite la question de savoir quand et comment on capitulerait. Les uns voulaient que, pour procurer le plus tôt possible du soulagement aux malades, on capitulât sans aucun délai; mais on observa bientôt qu'une trop grande précipitation ferait croire à l'ennemi la situation des Français peut-être plus fâcheuse qu'elle ne l'était réellement, et le rendrait beaucoup plus difficile sur les propositions. En conséquence, il fut arrêté qu'on capitulerait à terme, et que les articles de la capitulation seraient rédigés par des commissaires nommés sur-le-champ par le conseil. On procéda aussitôt à leur nomination, et le choix tomba sur les généraux Rampon, Friant, Songis, Samson et Delgorgue; après quoi le conseil se sépara.

A l'issue de la séance, le général en chef eut quelques conversations particulières, dans lesquelles il déplora le malheur des circonstances. Il ne voyait pas, ou feignait encore de ne pas voir que ce malheur n'était dû qu'à ses fautes. Il fit tomber particulièrement ses reproches sur la convention du Kaire, et par conséquent sur le général Belliard, ajoutant avec emportement qu'il fallait, à son retour en France, que la tête de ce général ou la sienne tombât sur l'échafaud.

Rédaction de la capitulation.

Les commissaires passèrent toute la nuit à rédiger les articles de la capitulation, qui, le lendemain, fut présentée au conseil. La même majorité de la veille en approuva la rédaction;

mais le général Destaing s'abandonnant à des déclamations, alla jusqu'à taxer de fausseté les faits qui motivaient cet acte. Les généraux renouvelèrent alors leur rapport sur la situation critique des services qui leur étaient confiés. Le général Rampon ne put tenir à cette assertion du général Destaing, qui tendait à compromettre l'honneur des officiers. Il lui dit, dans un moment de chaleur, que s'il craignait de paraître devant les Anglais, il n'en était pas de même des autres généraux, qui avaient tous leur conscience tranquille. Il faisait allusion par là à la conduite que Destaing avait tenue envers le capitaine Boyle, naufragé à Bourlos, qu'il avait cruellement maltraité.

Enfin, après une vive discussion, on arrêta définitivement la rédaction de la capitulation telle qu'elle avait été présentée par les commissaires; elle portait en substance:

1°. Un armistice et une suspension d'armes jusqu'au 30 fructidor (17 septembre), jour auquel la place serait remise, si elle n'était secourue.

2°. L'autorisation d'emmener en France tous les bâtiments de l'Etat et de commerce qui étaient dans le port, ainsi que toute l'artillerie de siége et de campagne.

3°. Le droit aux membres de la commission des Sciences et Arts d'emporter tous les résultats de leurs travaux en Egypte, ainsi que les monuments d'art qu'ils avaient fait transporter à Alexandrie.

Les autres articles, jusqu'au nombre de vingt-deux, comprenaient les détails d'exécution.

Cette séance fût tenue le matin, mais les copies ne purent être finies dans la journée; cependant c'était la troisième, et par conséquent la dernière de la trève; le général Menou envoya le soir, son aide-de-camp Abert, pour demander une prolongation de vingt-quatre heures. Les Anglais, vraisemblablement choqués de n'avoir eu aucune communication pendant les trois jours, crurent qu'on ne voulait que traîner en longueur; en conséquence ils refusèrent la nouvelle trève qui leur était demandée, et annoncèrent au contraire que les ordres étaient donnés pour attaquer à minuit. Cette réponse, qui fut rapportée à Alexandrie, y jeta l'alarme; on accusait la lenteur et l'insouciance du général Menou, qui allait encore faire inutilement verser le sang des Français. Cependant, sur une nouvelle instance qui lui fut faite, et sur la promesse de lui apporter le projet de capitulation le lendemain matin, Hutchinson accorda encore jusqu'à midi un nouveau délai de vingt-quatre heures.

Le 18 fructidor (30 août), le conseil fut rassemblé de nouveau; le général Menou lut les articles qu'il allait envoyer, après avoir fait quelques légers changements à la rédaction de la veille. Le général Destaing voulut encore recommencer ses déclamations; mais tous ses collégues, indignés de cette obstination déplacée, lui imposèrent silence de la manière la plus absolue, et le conseil fut dissous. Le général en chef renvoya aussitôt son aide-de-camp Abert, et M. Lhuillier, chef de la soixante-unième demi-brigade, pour porter à l'ennemi la capitulation signée. Le général anglais fit réponse sur-le-champ aux propositions qui lui étaient faites, et rendit MM. Abert et Lhuillier porteurs d'une lettre au général en chef, ainsi conçue :

Monsieur le Général,

Réponse du général anglais.

« Si vous êtes de bonne foi, vous accepterez les articles suivants :

1°. L'armée française que vous commandez sera transportée en France avec armes, bagages, et seulement dix pièces de canon de campagne;

» 2°. La place sera remise au bout de dix jours, l'embarquement aura lieu dans les dix jours suivants, et le départ aussitôt que la flotte sera prête;

» 3°. Quant à la Commission des Sciences et Arts, elle n'emportera aucun des monuments publics, ni manuscrits arabes, ni cartes, ni dessins, ni mémoires, ni collections; et elle les laissera à la disposition des généraux et commandants anglais;

» 4°. Les détails d'exécution seront les mêmes que pour la Convention du Kaire. »

Cette lettre ne laissait, au reste, que jusqu'à dix heures du soir, pour renvoyer l'acceptation des articles qu'elle renfermait. Il était environ cinq heures lorsque les deux parlementaires furent de retour. Le général en chef rassembla encore le conseil, et lui communiqua les notes du général anglais, dont le ton et les expressions blessèrent vivement ces braves militaires, qui se trouvaient dans une situation nouvelle et inconnue pour eux; mais on n'avait plus la possibilité de reculer, et il fallut accepter les articles ainsi qu'ils étaient proposés.

Le 15, à midi (2 septembre), on remit aux Anglais tous les environs de la ville, ainsi que le fort triangulaire à l'ouest; les troupes françaises rentrèrent dans l'intérieur de la ville des Arabes, où elles campèrent jusqu'à ce que les bâtiments de transport fussent préparés pour l'embarquement.

Les membres de la Commission refusent de livrer leurs collections, dessins, etc.

Les membres de la commission des Sciences et Arts, à qui on avait communiqué l'article de la capitulation qui les concernait, écrivirent de suite au général Menou pour protester contre la violence qui leur était faite, et lui observèrent qu'il avait pu traiter avec l'ennemi pour tout ce qui regardait l'armée et le gouvernement; mais que leurs dessins, leurs collections et leurs manuscrits étaient leur propriété individuelle, dont personne n'avait le droit de disposer.

Le général Menou écrivit en conséquence à M. Hutchinson, pour lui faire connaître l'opposition des membres de la Commission, et lui faire sentir l'injustice de la violence qui leur était faite. Mais ces représentations n'avaient aucun poids; Menou était trop méprisé des Anglais pour qu'ils eussent égard à aucune de ses prières. D'ailleurs M. Hutchinson était poussé dans cette affaire par un M. Hamilton, qui désirait infiniment s'approprier les travaux faits par les Français en Egypte; il refusa donc de laisser rien emporter. Alors les membres de la Commission, voyant qu'ils devaient négocier eux-mêmes, députèrent vers le général anglais MM. Geoffroy, Delille et Savigny, qui déclarèrent que la violence qu'on voulait leur faire était contraire à toutes les lois des nations, et qu'ils n'y obtempèreraient jamais; que si les Anglais persistaient à s'emparer de ce qui était bien leur propriété particulière, ils jetteraient à la mer le fruit de quatre années de travaux, qui serait dès-lors perdu pour l'Europe. Cette fermeté, et la menace courageuse dont elle était accompagnée, ébranlèrent M. Hutchinson, qui se désista enfin de ses prétentions, et laissa chacun maître de ce qui lui appartenait. M. Hamilton même, se rapprochant des membres de la Commission, leur demanda la permission d'aller les voir à Alexandrie, dans l'espoir au moins de jouir de la vue de leurs beaux dessins, les assurant qu'il n'avait rien tant à cœur que de regagner leur estime et leur confiance; qu'étant venu dans le même but qu'eux, il désirait profiter de leurs lumières et de leur expérience. Les trois commissaires lui promirent, au nom de leurs collègues, de faire tout ce qui, sous ce rapport, pourrait lui être agréable. M. Hamilton vint en effet, et, après avoir vu une grande partie des dessins, il proposa à quelques-uns des membres de la commission de retourner avec lui dans la haute Egypte; il alla même jusqu'à les engager à publier en Angleterre le résultat de leurs travaux, leur promettant les plus brillants effets de la munificence du gouvernement anglais. Mais on lui ferma la bouche par un seul mot : « Si vous étiez dans la même position que nous, lui dit-on, viendriez-vous en France? » Il sentit la justesse de cette réplique, et se tut.

Départ de l'armée pour France.

L'embarquement s'effectua successivement par convois, et il ne restait presque plus de Français dans les premiers jours de vendémiaire an X, fin de septembre 1801.

Le général Menou, presque seul, ne se pressait pas de partir. En proie à toutes les anxiétés et au chagrin qui le consumait, il fut attaqué de la peste le 22 vendémiaire (14 octobre). Cependant, comme le bâtiment qui lui était destiné était prêt à mettre à la voile, il ne put s'empêcher de partir, et il quitta Alexandrie le 26 vendémiaire (18 octobre). Les soins de M. Larrey, chirurgien en chef de l'armée, le sauvèrent en mer de ce nouveau péril, et il arriva bien portant à Toulon, où il demeura.

Le général Reynier, qui l'attendait à Paris, avait demandé au premier consul un conseil de guerre pour le juger, lui, sur sa conduite, et Menou ainsi que Destaing, sur les calomnies dont ils l'avaient rendu victime. Bonaparte lui refusa cette réparation. Alors Reynier ne prenant conseil que de son honneur outragé, exigea de ces deux généraux une réparation par les armes. Destaing arriva le premier à Paris, aussitôt Reynier alla le trouver, et lui signifia que la mort de l'un des deux devait seule laver ou justifier les outrages qu'il avait reçus. Destaing se rendit au lieu indiqué, et devant plusieurs généraux appelés en témoignage, il reçut la mort des mains de Reynier, Menou, craignant sans doute le même sort, resta à Toulon tout l'hiver, sous prétexte que les suites de sa maladie l'empêchaient de faire le voyage. Bonaparte exila Reynier à Nevers, et alors Menou arriva à Paris.

CONCLUSION.

Conclusion. Ainsi furent consommées les destinées de cette brillante armée appelée à une grande gloire, mais trompée dans ses plus chères espérances.

Ignorant quels lieux de la terre devaient être le théâtre de ses exploits, sachant seulement qu'on comptait sur elle pour faire trembler la souveraine des mers, l'éternelle rivale de la patrie, cette armée s'élança avec confiance des rivages méridionaux de la France, brûlant du désir de se mesurer, même sur un élément qui n'était pas le sien, avec le fier ennemi de la grande nation. Sa présence seule releva le courage de ces marins si long-temps humiliés, et l'ennemi l'évita avec soin. La renommée qui la devançait, annonça sa première station dans cette île qui s'élève au milieu de la mer que l'armée parcourait; et ce boulevard de la chrétienté, ce terrible écueil de la puissance ottomane, reconnut aussitôt la puissance des Français. L'armée dépassa ce rocher, elle quitta l'Europe, et reçut, dès ce moment, le nom d'*armée d'Orient*. Elle aborda à la partie la plus éloignée de la côte africaine, et après quarante-quatre jours depuis son départ des ports de France, ses pavillons flottaient sur cette terre fertile, le berceau, la patrie des Sciences et des Arts, sur cette terre foulée et dévastée depuis vingt-quatre siècles par de barbares étrangers; les Egyptiens voyaient enfin, pour la première fois, des hommes dont le but était de les rappeler à leur ancienne splendeur. Sans examiner jusqu'à quel point était fondé le droit de venir troubler la possession, légitime ou non, des oppresseurs de ce pays, l'armée, essentiellement obéissante, ne voyait que des ennemis partout où ses chefs lui commandaient de signaler ses exploits. Dix-huit jours après avoir touché la terre d'Egypte, la tyrannie de ses esclaves gouvernants avait cessé son existence, et l'armée victorieuse se reposait déjà dans cette capitale sainte, la gloire du croissant. Il n'entrait point dans les projets de la France de dépouiller le sultan de sa souveraineté. Loin de là, c'était son allié le plus ancien, et le plus fidèle, et elle voulait le faire respecter du peuple, qui voyait en lui le plus ferme appui de sa religion. Mais la France avait besoin de reprendre sa prépondérance dans cette fameuse et riche presqu'île, source inépuisable des richesses au moyen desquelles l'Anglais gouvernait le monde entier; l'Egypte était le seul point d'où la France pût avec quelque espoir de succès balancer cette puissance gigantesque, à qui elle devait tous ses malheurs; l'Egypte était le seul lieu de la terre où elle pût réparer les pertes immenses qu'elle avait faites dans le nouveau continent, devenu depuis quelques années pour elle une terre de feu, une terre dévorante qui avait englouti la plus brillante population. Les Anglais sentirent bientôt quelles devaient être les conséquences politiques de l'établissement des Français en Egypte, et aucun sacrifice ne leur coûta pour l'empêcher. Leur flotte attaqua la flotte française, et la détruisit lorsque l'armée ne pouvait plus la défendre. Ce revers n'affaiblit point le courage du soldat; au contraire il l'exalta, et dès ce moment l'armée se sentit invincible. Le vainqueur, enorgueilli de ce succès, parcourut ous les bords de cette mer, où ses vaisseaux étaient presqu'inconnus jusqu'alors. Il menaça, il pria, il fit trembler le sultan dans son sérail, en lui présentant ou la guerre ou la paix. Eh! quelle paix, grands Dieux! Mieux eût valu mille fois pour lui cette guerre dont ils le menaçaient; les Français ses auxiliaires lui auraient prouvé en faisant trembler ses ennemis à leur tour, qu'il avait toujours des droits à leur amitié; mais on les peignit à ses yeux, et à ceux des peuples alarmés, comme des destructeurs de la foi, et la voix de la religion en péril, suscita des ennemis innombrables à l'armée française. L'inquiétude, l'agitation des peuples qu'elle gouvernait, lui firent bientôt connaître que celui sur l'alliance duquel le gouvernement français lui avait donné quelqu'espoir de compter, s'était déclaré son ennemi, et déployait déjà contr'elle, dans une province voisine, tout l'appareil de sa puissance. Fière, rougissant de son oisiveté de quelques mois, elle s'enorgueillit presque des nouveaux dangers que l'on présentait à son courage, et elle vola au-devant d'eux. Les rives du Jourdain, Saffet, la plaine du Mont-Thabor, Nazareth, furent témoins de ses exploits, et le Musulman étonné crut voir ces valeureux guerriers, ces descendants des Godefroy de Bouillon, relever le trône de Jérusalem. Mais l'ardeur impétueuse d'un jeune chef trop habitué aux faveurs de la fortune, et peu docile aux conseils de la prudence, perdit en un instant le fruit de ses travaux brillants. Une misérable ville vit échouer sous ses murs les efforts de tant de braves guerriers, qui périrent victimes de leur courage et de leur aveugle dévouement. Affaiblie par des pertes sensibles et irréparables, cette armée fut obligée d'abandonner la Palestine pour voler au secours de sa première conquête, qui, en proie à tous les déchiremens intérieurs, allait être attaquée par mer.

En effet, à peine les Français furent-ils rentrés en Egypte, qu'une escadre ennemie se présenta à Aboukyr, et jeta sur la plage des hommes, qui, sous l'étendard du prophète, se croyaient invincibles. Mais aussitôt qu'ils touchèrent le sol de l'Egypte, la terre les dévora, la bataille d'Aboukyr vengea les revers d'Acre, et les ossements des Turcs recouvrirent les débris de la flotte française.

Ce succès ne détruisait cependant pas la puissance des Ottomans. Les peuples accouraient de toutes parts à la voix du ministre suprême de cette puissance, qui déjà se trouvait dans les provinces que l'armée française venait de quitter. L'espoir de délivrer l'Egypte des infidèles avait réuni à lui des hommes de tous les points de la terre où Mahomet exerce son empire. L'armée du Visir était formidable, et menaçait d'une irruption terrible. Soit que le chef des Français fût intimidé de cet appareil et de ce développement de forces, soit que des intrigues ourdies par ses partisans le rappelassent en France, il abandonna ses braves compagnons, au moment le plus critique, et remit le fardeau déjà trop pésant de son pouvoir à un autre chef plus loyal, plus généreux, plus digne de commander d'aussi magnanimes guerriers. Kléber en acceptant le commandement, ne prit pas le fol engagement de poursuivre davantage une entreprise commencée sous de brillants auspices, il est vrai, mais dont le but était réellement manqué par la destruction de la flotte, et par l'interruption absolue des communications avec la patrie.

L'Anglais, non content d'avoir suscité des ennemis innombrables à l'armée d'Orient, avait de nouveau soulevé les peuples d'Europe contre la France, et des revers qu'elle éprouva à cette époque firent penser à Kléber que l'armée qu'il commandait serait désormais plus utile sur le continent qu'en Egypte. Il traita de son retour en France avec les Turcs et les Anglais. La convention d'El-Arisch fut signée.

La politique barbare et maladroite de quelques ministres anglais voulut tirer parti de ce traité pour déshonorer cette brave armée, et la faire périr sous le fer des assassins. Cette politique atroce fit refuser le passage au moment où le Français, trop confiant, avait déjà remis l'épée dans le fourreau. Ne prenant plus conseil alors que de son courage et de son désespoir, il fit ressentir à l'ennemi, auquel on voulait le livrer, les effets de sa puissance. En quelques heures, la victoire d'Héliopolis le rendit une seconde fois maître absolu, même légitime, de l'Egypte. Le Grand-Visir et toutes les troupes ottomanes furent chassés, comme le vent disperse la poussière.

Dès ce moment un nouvel horizon se développa aux yeux des Français. Délivrés du danger présent, ils durent croire que leur ancien chef, qui dirigeait les destinées de la patrie, leur assurerait un avenir plus prospère, et ils prirent la résolution de joindre à toutes leurs vertus militaires celle d'une résignation sans bornes. L'obstination que le Sultan mettait à ne pas vouloir accorder à ses anciens amis ce qu'il accordait, depuis plusieurs siècles, à des esclaves révoltés, fit germer la première pensée de considérer l'Egypte comme une colonie, et dès-lors les idées les plus séduisantes vinrent embellir ce séjour plein de charmes: mais que cette illusion fut de courte durée, et combien elle rendit sensible et douloureuse la perte que firent les Français ! Leur chef si aimé, si vénéré, si digne à tous égards de l'être, le magnanime Kléber tomba sous les coups d'un fanatique assassin, entraîné à ce crime par les provocations d'un lâche, qui avait bien jugé que le poignard seul pouvait le venger de sa défaite.

Tout prit un nouvel aspect, la colonie naissante tomba par fatalité dans les mains d'un ignorant, que l'ancienneté seule appela au commandement. Etait-ce à Bonaparte à consacrer un tel titre dans un homme comme Menou ? Il fut la cause des maux que l'armée essuya, et de la perte du fruit de ses travaux, au moment où elle devait, à bon droit, croire sa possession assurée à jamais; cependant ses hauts faits en imposaient tellement, que malgré la désorganisation introduite par le nouveau chef, l'ennemi craignait de paraître devant des soldats d'une bravoure et d'une constance aussi éprouvées. Le farouche Ottoman n'osait venir jeter le gant. L'Anglais, malgré sa répugnance pour les combats de terre, reconnut que des secours réels pouvaient seuls donner quelque poids au rôle d'auxiliaire qu'il avait pris dans cette lutte.

Des moyens immenses furent rassemblés, et près de cent mille hommes furent employés pour en forcer vingt mille à faire ce qu'ils avaient eux-mêmes proposé dix-huit mois auparavant. Malgré cette énorme disproportion de moyens, ils n'auraient pas encore réussi, si l'armée eût été conduite par un autre chef; car, de leur propre aveu, elle ne perdit rien de sa gloire, et conserva jusqu'au dernier moment l'estime et l'admiration de ses ennemis.

Que resta-t-il, hélas! de cette brillante expédition? rien que le souvenir de la gloire militaire des français, et de celle non moins éclatante qui environne aujourd'hui les conquêtes plus durables des Sciences et des Arts dans cette terre classique. Des hommes paisibles par état et par caractère s'étaient voués, pour l'amour de la science, à partager les peines, les privations et les dangers du soldat; ils ont été assez heureux pour réussir, et rassemblant tous les matériaux qu'ils avaient recueillis, ils en ont formé un monument aussi colossal que les modèles qu'ils avaient eus sous leurs yeux, monument vraiment national, digne à la fois et du peuple qui l'élève, et du peuple en l'honneur de qui il est élevé.

Depuis le départ des Français, l'Egypte, quoique rentrée sous la domination de la Porte ottomane, n'a cessé d'être le théâtre de guerres intestines qui ont prolongé les maux du peuple.

Le Grand-Visir, à peine maître du Kaire, y signala sa présence par un acte de barbarie qui n'a pas d'exemple parmi les nations civilisées. Il fit, en une nuit, arrêter toutes les femmes musulmanes qui avaient eu quelque commerce avec les Français, et il fit jeter ces femmes dans le Nil.

Les Anglais, qui avaient voulu s'établir à Gizeh et ensuite à Alexandrie, virent toute la population s'élever contre ces prétentions; ils furent forcés de les abandonner et d'évacuer le pays.

La rivalité qui existait entre le Capitan-Pacha et le Grand-Visir passa dans l'esprit de leurs soldats; les Albanais, qu'avait amenés l'amiral turc eurent un instant le dessus; mais ils furent bientôt comprimés par les Turcs, qui ont repris leur suprématie.

D'un autre côté, les Mamlouks voulurent ressaisir leur ancienne puissance; aidés de trois cents déserteurs français qui avaient embrassé leur cause, ils se séparèrent du Visir peu de temps après la capitulation d'Alexandrie, et, suivant leur ancienne coutume, ils se réfugièrent vers la haute Egypte, dans l'espoir que la Porte ottomane ne conserverait pas long-temps un appareil de forces aussi considérable, et qu'après leur départ, ils rentreraient au Kaire. Le Grand-Visir voulait cependant, avant de quitter l'Egypte, briser le joug que ces fiers esclaves avaient depuis si long-temps imposé à son maître. Il envoya son armée contre eux; mais les Turcs furent constamment battus, et Youçef retourna à Constantinople.

Quelque temps après, le pacha du Kaire conçut le projet d'arriver au but que le Visir voulait atteindre; mais reconnaissant que la voie des armes devenait impuissante contre des soldats aussi braves et aussi aguerris que les Mamlouks, il eut recours à la dissimulation et au poignard. Il proposa des conférences pour négocier un accord, et abusant un jour de la confiance qu'avaient inspirée ses manières affables et le sort brillant qu'il promettait aux Mamlouks, il réunit chez lui tous les beys à un dîner, pendant lequel il les fit massacrer.

Dès ce moment, cette milice dispersée laissa les troupes de l'empereur des Turcs seules maîtresses du pays, et le divan de Constantinople les a toujours employées depuis contre les entreprises des Wahabis dans l'Arabie.

On a pensé long-temps en France que Bonaparte avait conservé le désir de faire rentrer l'Egypte l'Egypte sous sa domination ; on a même assuré qu'il avait manifesté ce projet à S. M. l'empereur de Russie, dans la fameuse conférence de Tilsitt, et que ce souverain avait promis de lui garantir la possession de ce pays, s'il parvenait à le reprendre.

Ces hypothèses ne sont appuyées sur aucune donnée certaine qui puisse en consacrer l'authenticité, et elles ne sont point du domaine de l'histoire. Mais tout Français n'en doit pas moins regretter que l'ambition ait aveuglé Bonaparte au point de lui faire perdre de vue les intérêts d'une patrie à laquelle il devait tout, pour embrasser des projets chimériques qui l'ont précipité dans l'abîme.

Oui, l'Egypte devait être son seul point de mire, et dans la position brillante où se trouvait la France après le traité de Tilsitt, il l'aurait obtenue aisément, non par la force, mais du libre consentement des puissances européennes, même du Grand-Seigneur.

Ne pourrait-on pas concevoir encore quelqu'espérance de trouver dans la générosité des souverains, réunis aujourd'hui par l'amour de la paix et de la justice, ce léger dédommagement des immenses sacrifices que la France a faits à la tranquillité du monde, et au bonheur de vivre désormais sous les lois du prince le plus sage et le plus éclairé de l'Europe.

Ce vœu, digne de toute l'attention du Souverain, a, dit-on, mérité aussi celle du vertueux Louis XVI; on le retrouve dans les profondes méditations de Bossuet (Discours sur l'histoire universelle), et il n'est pas étranger à l'intérêt général de la civilisation, même au bonheur des peuples.

FIN DU SECOND ET DERNIER VOLUME.

TABLE

DES MATIÈRES

CONTENUES DANS LE PREMIER VOLUME.

SECTION Ire.

Conquête et Administration sous Bonaparte.

CHAPITRE Ier.

Départ et prise de Malte.

CHAPITRE II.

Arrivée en Egypte. Bataille des Pyramides.

CHAPITRE III.

Combat naval d'Aboukyr. Détails intérieurs. Bataille de Sédyman.

CHAPITRE IV.

Insurrections au Kaire et dans la basse Égypte. Prise de Suez.

CHAPITRE V.

Expédition en Syrie.

Chapitre VI.

Campagne de la haute Egypte.

CHAPITRE VII.

Bataille d'Aboukyr. Départ de Bonaparte pour France.

FIN DE LA TABLE DU PREMIER VOLUME.

TABLE DES MATIÈRES

Contenues dans le second Volume.

SECTION II.

Gouvernement de Kléber.

CHAPITRE I.

Situation de l'Egypte au départ de Bonaparte. Traité d'El-Arisch.

CHAPITRE II.

Bataille d'Héliopolis. Siége du Kaire. Assassinat du général Kléber.

SECTION III.

Gouvernement de Menou. Evacuation de l'Egypte.

Chapitre I.

Administration et détails intérieurs jusqu'à l'arrivée des Anglais.

CHAPITRE II.

Débarquement des Anglais. Prise de Rozette et de Rahmanieh. Blocus d'Alexandrie.

FIN DE LA TABLE DU SECOND ET DERNIER VOLUME.

ERRATA.

PREMIER VOLUME.

Page 2, ligne 20, *au lieu de* Deinbéa : *lisez* Dembéa.

Page 23, ligne 6, *au lieu de* avaitent ; *lisez* avaient.

Page 65, ligne 16, *au lieu de* Entychés ; *lisez* Eutychés.

Page 67, ligne 2, *au lieu de* l'indigence ; *lisez* l'indigence.

Page 78, second émargement, *au lieu de* Samnites ; *lisez* Sunnites ; et *au lieu de* Israëlites ; *lisez* Schiites.

Page 86, troisième émargement, *au lieu de* Othoman ; *lisez* Othman.

Page 87, ligne 10, *au lieu de* Hasceu ; *lisez* Hascen.

Page 92, premier émargement, *au lieu de* de ville ; *lisez* de la ville.

Page 99, ligne 17, *au lieu de* je crois donner ; *lisez* je crois devoir donner.

Page 106, lignes 8 et 16, *au lieu de* Touran ; *lisez* Touran, ainsi que dans les autres endroits ou ce nom est tronqué.

Page 112, ligne 3, *au lieu de* Campson ; *lisez* Campsou.

Page 117, ligne 24, *au lieu de* Abondahab ; *lisez* Aboudahab.

Page 118, ligne 13, *au lieu de* Motonalis ; *lisez* Motoualis.

Page 141, *au lieu de* Stauley ; *lisez* Stanley.

Page 142, ligne 8, *supprimez* la virgule après Caffarelly.

Page 142, ligne 4, *au lieu de* Lasnes ; *lisez* Lannes.

Page 142, ligne 4, *au lieu de* Boger ; *lisez* Boyer.

Page 166, ligne 6, *au lieu de* Syrie ; *lisez* Syrte.

Page 170, lig. 23, *supprimez* même.

Page 173, ligne 14, *au lieu de* Mariont ; *lisez* Mariout.

Page 202, ligne 11, *au lieu de* que asile ; *lisez* que leur asile.

Page 206, ligne 3, *au lieu de* occupés ; *lisez* occupées.

Page 243, ligne 3, et en marge, *au lieu de* grand Seigneur ; *lisez* Grand-Visir.

Page 253, ligne 14, *au lieu de* 1799 ; *lisez* 1798.

Page 268, ligne 19, *au lieu de* Glontiers ; *lisez* Gloutier.

Page 272, ligne 2, *au lieu de* Menzalch ; *lisez* Menzaleh.

Page 288, ligne 10, *au lieu de* Menzaleh ; *lisez* Menzaleh.

Page 288, ligne 23, *au lieu de* Bonapatre ; *lisez* Bonaparte.

Page 285, ligne 24, *au lieu de* 24 ; *lisez* 23 ; et ligne 25, *au lieu de* 25 ; *lisez* 26.

Page 286, ligne 26, *au lieu de* Dasmasquins ; *lisez* Damasquins.

Page 298, *au lieu de* cannoniers ; *lisez* canonniers.

Page 314, ligne 22, *au lieu de* avait ; *lisez* avaient.

Page 322, ligne 13, *au lieu de* Menoufych; *lisez* Menoufych.

Page 325, ligne 25, *au lieu de* regilion; *lisez* religion.

Page 329, ligne 14, *au lieu de* Saony; *lisez* Saouy; et lig. 18, *au lieu de* révolte; *lisez* révoltes.

Page 359, ligne 16, *au lieu de* Morand; *lisez* Morandi.

Page 373, lig. 19, *supprimez* donc.

Page 396, ligne 20, *au lieu de* on ne manqua pas; *lisez* on se hâta.

Page 408, ligne 5, *au lieu de* pénéta; *lisez* pénétra.

Page 411, ligne 5, *au lieu de* la Pinque; *lisez* le Pinque; et ligne 22, *supprimez* sur sa marche.

DEUXIÈME VOLUME.

Page 6, lig. 4, *au lieu de* arrêtés; *lisez* arrivés.

Page 50, ligne 1, *au lieu de* plénipotentiaire; *lisez* plénipotentiaires.

Page 73, ligne 8, *au lieu de* défendaient; *lisez* défendait.

Page 110, ligne 25, *au lieu de* guere; *lisez* guerre.

Page 111, depuis la 11e ligne, j'observerai, etc., tout l'alinéa doit être entre deux guillemets.

Page 119, lig. 5, un point après vu.

Page 129, ligne 10, et page 139, ligne 19, *au lieu de* Mouhammed; *lisez* Mouhammad.

Page 135, ligne 12, *au lieu de* la fragate; *lisez* la frégate.

Page 213, ligne 7, *au lieu de* il; *lisez* ils.

Page 246, ligne 1, *au lieu de* leur; *lisez* leurs.

Page 294, ligne 4, mettez un point *au lieu* d'une virgule, après Reynier.

Page 264, dernière ligne, *au lieu de* romanesque, *lisez* romanesques.

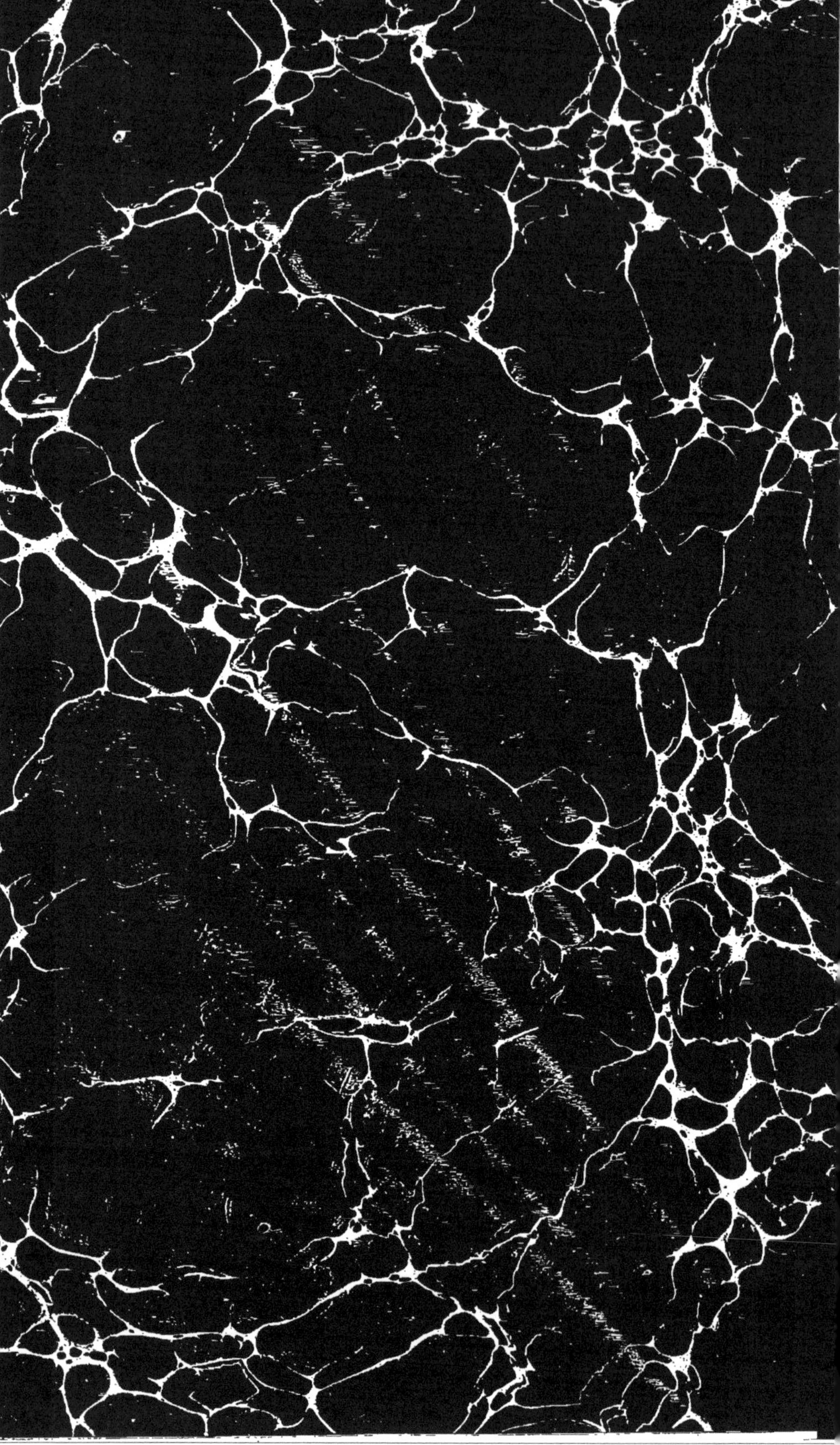

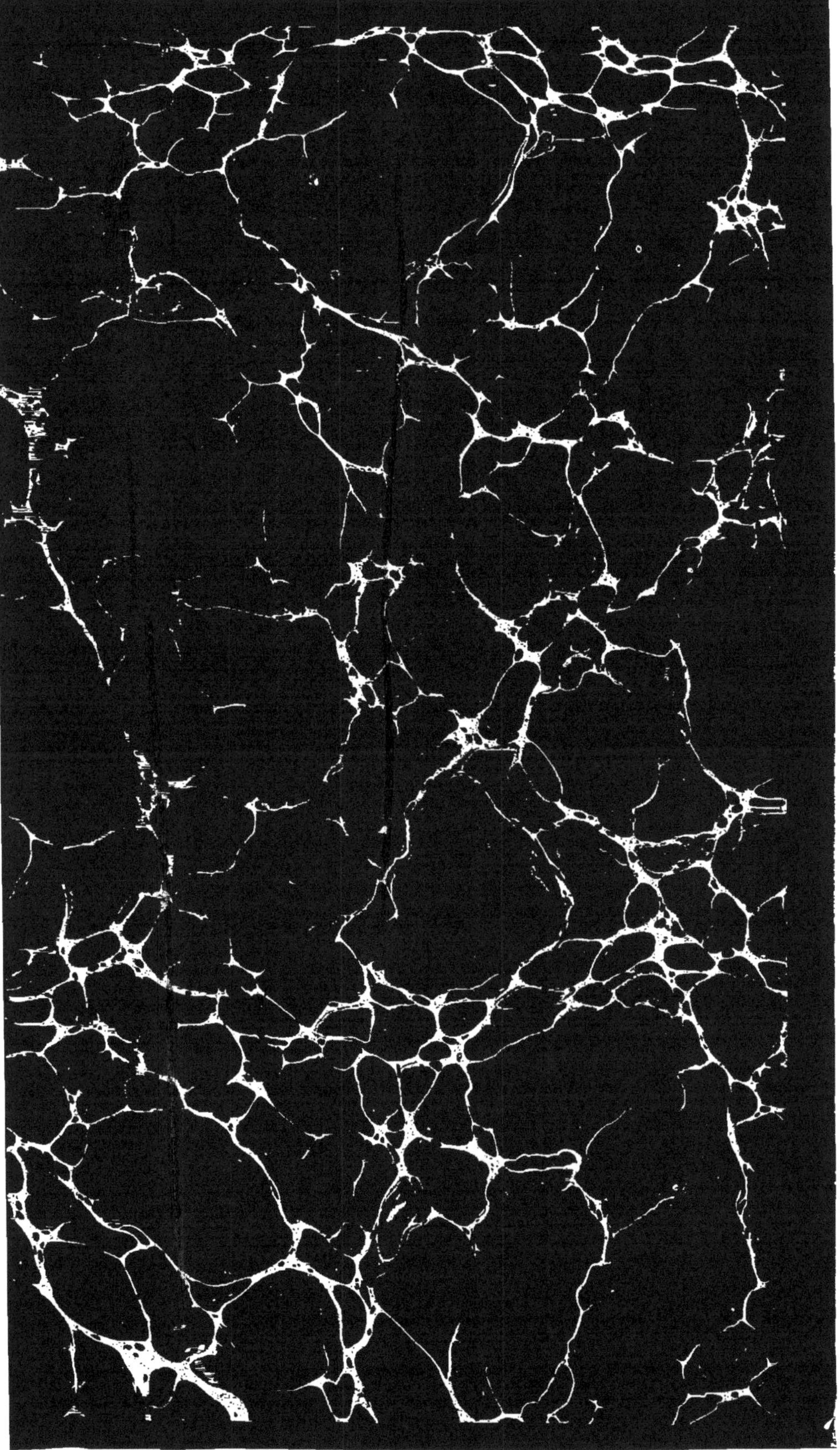

www.ingramcontent.com/pod-product-compliance
Ingram Content Group UK Ltd.
Pitfield, Milton Keynes, MK11 3LW, UK
UKHW021903260726
13966UKWH00006B/351

9 782011 917607